井工程现场
常见 HSE 典型问题图册

《井工程现场常见 HSE 典型问题图册》编写组 编

石油工业出版社

内 容 提 要

本书以图册的方式从人员管理、井控管理、安全管理、环保管理、职业健康管理、应急管理六个方面列举、讲述了井工程现场常见 HSE 风险，并按照最新标准规范进行了解读、讲解。

本书可作为油气田现场安全监督 HSE 培训用书，也可供油气田企业现场作业人员、安全管理人员参考使用。

图书在版编目（CIP）数据

井工程现场常见 HSE 典型问题图册 /《井工程现场常见 HSE 典型问题图册》编写组编 . -- 北京：石油工业出版社，2025.1. -- ISBN 978-7-5183-7216-4

Ⅰ . F426.22-64

中国国家版本馆 CIP 数据核字第 202508CZ89 号

出版发行：石油工业出版社
　　　　　（北京安定门外安华里 2 区 1 号　100011）
　　　　　网　　址：www.petropub.com
　　　　　编辑部：（010）64523553　　图书营销中心：（010）64523633
经　　销：全国新华书店
印　　刷：北京中石油彩色印刷有限责任公司

2025 年 1 月第 1 版　2025 年 1 月第 1 次印刷
787×1092 毫米　开本：1/16　印张：15.75
字数：161 千字

定价：98.00 元
（如出现印装质量问题，我社图书营销中心负责调换）
版权所有，翻印必究

《井工程现场常见 HSE 典型问题图册》

编 写 组

主　编：龚建华　桑　宇
副主编：王学强　周井红
编写组：杨　哲　舒　畅　周　刚　侯梦龙　周　鹏
　　　　曾燕光　黄必成　曾维烁　郭默然　刘祥珂
　　　　曾宪举　周　焱　刘宇航　李　奥　杨　磊
　　　　李　林　文　浪　杨　璐　王　玄　张以品
　　　　杨　鹏　王志刚　袁菲宏　龚治宇　朱　鼎

前言

油气田企业井工程HSE监督人员在日常检查过程中，普遍存在"不会发现问题、不会描述问题、不会问题对标"等情况，为提高监督检查发现问题准确性和全面性，急需一本《井工程现场常见HSE典型问题图册》为监督人员检查提供参考。本书从人员管理、井控管理、安全管理、环保管理、职业健康管理、应急管理六个方面讲述了井工程现场常见HSE风险。

本书编写组在编写本书框架和具体内容时，收集整理多家油气田企业井工程现场常见问题，基本覆盖了井工程现场常见HSE典型问题，希望本书能为石油行业从业人员带来一定的便利。

由于编者水平有限，其中难免有不当和错误之处，诚请使用本书的企业职工和广大读者批评指正。

编者

2024年9月5日

目 录

第一章 » 人员管理

第一节　人员持证 …………………………………………… 3
第二节　人员培训 …………………………………………… 6
第三节　人员变更 …………………………………………… 8

第二章 » 井控管理

第一节　现场资料 …………………………………………… 13
第二节　井控装备 …………………………………………… 20
第三节　钻开油气层前的准备和验收 ……………………… 33
第四节　钻完井过程中的井控要求 ………………………… 36

第三章 » 安全管理

第一节　安全设备设施 ……………………………………… 45
第二节　生产设备设施 ……………………………………… 58
第三节　特种设备设施 ……………………………………… 136
第四节　风险作业 …………………………………………… 145
第五节　化学品管理 ………………………………………… 176
第六节　检测仪器 …………………………………………… 180
第七节　承包商管理 ………………………………………… 185
第八节　交叉作业 …………………………………………… 192

第四章 » 环保管理

第一节　日常管理 …………………………………………… 197
第二节　固废管理 …………………………………………… 204
第三节　液废管理 …………………………………………… 209

第五章 » 职业健康管理

第一节　健康档案 …………………………………………… 221
第二节　职业病防护 ………………………………………… 222
第三节　野营房 ……………………………………………… 225

第六章 » 应急管理

第一节　应急预案 …………………………………………… 231
第二节　应急演练 …………………………………………… 233
第三节　应急物资 …………………………………………… 234

01

第一章

人员管理

- 第一节　人员持证
- 第二节　人员培训
- 第三节　人员变更

第一节 人员持证

常见问题 1： 作业人员未持有效的井控证

问题描述： 现场作业人员井控证过期未复培。

相关标准： GB/T 31033—2014《石油天然气钻井井控技术规范》

第 10.1.1 条：从事钻井生产、技术和安全管理的各级人员、现场操作和现场技术服务有关人员，以及井控培训教师应持井控培训合格证上岗。

常见问题 2： 在含硫油气井作业的人员未持有效的硫化氢证

问题描述： 现场作业人员硫化氢证件过期未复培。

相关标准： GB/T 31033—2014《石油天然气钻井井控技术规范》

第 10.2.1 条：在含硫化氢环境中的作业人员上岗前都应接受硫化氢防护培训，经考核合格后持证上岗。

常见问题 3：特种作业人员未持有效的特种作业操作证

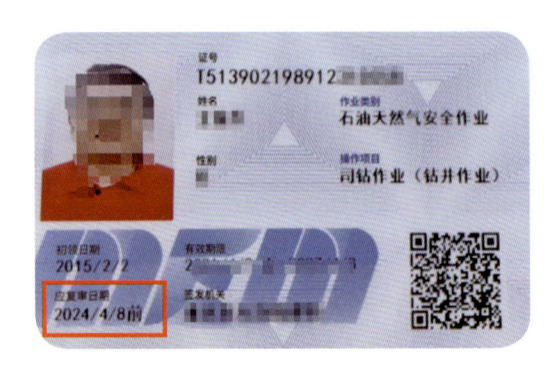

问题描述：司钻王某的司钻操作证超期未复审。

相关标准：《安全生产许可证条例》（中华人民共和国国务院令 2014 年第 653 号）

第六条：企业取得安全生产许可证，应当具备下列安全生产条件：

（五）特种作业人员经有关业务主管部门考核合格，取得特种作业操作资格证书。

常见问题 4：特种作业操作证超期未复审

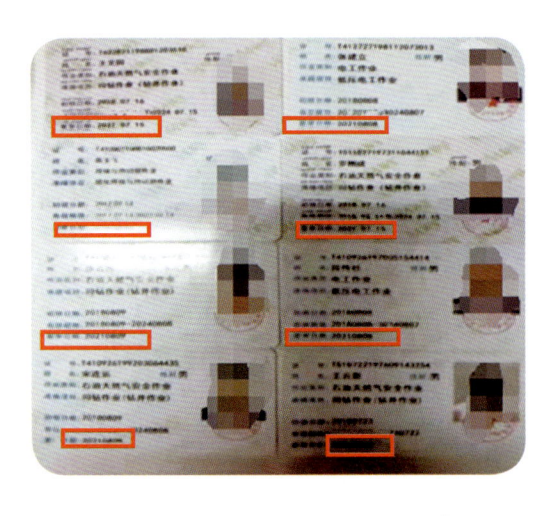

问题描述：电工证、热切割证、司钻操作证等特种作业证超过复审日期未及时复审。

相关标准：SY/T 7668—2022《石油钻井安全监督规范》

表 A.12：安全基础管理教育培训及能力 /e）相应人员井控证、硫化氢证、司钻操作证、电工证、焊工证、高处作业证、起重指挥证等持证齐全并在有效期内。

常见问题 5：现场电气工程师或电工人员未持有效电工证

问题描述：检维修电气设备人员未持证上岗作业。

相关标准：SY/T 7668—2022《石油钻井安全监督规范》

表 A.12：安全基础管理教育培训及能力 /e）相应人员井控证、硫化氢证、司钻操作证、电工证、焊工证、高处作业证、起重指挥证等持证齐全并在有效期内。

常见问题 6：安全监督人员未取得安全监督人员资质

问题描述：承包商安全监督人员未取得企业认可的安全监督人员培训合格证书。

相关标准：SY/T 7668—2022《石油钻井安全监督规范》

第 4.6 条：安全监督人员任职应具备以下条件：接受过安全监督专业培训，取得企业认可的安全监督人员资质。

第二节 人员培训

常见问题 1：坐岗人员未经培训或考核不合格上岗

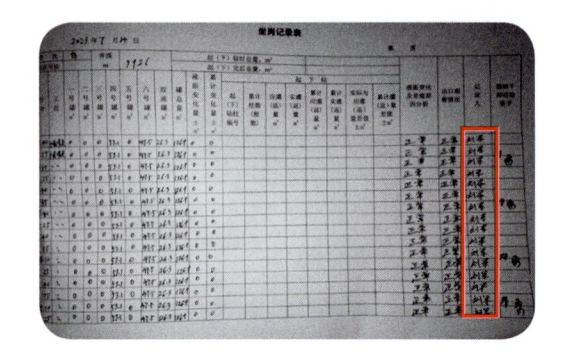

> **问题描述**：坐岗记录人未经培训。

> **问题描述**：坐岗人员考核不合格。

> **相关标准**：Q/SY 02876—2021《钻井井控坐岗规范》

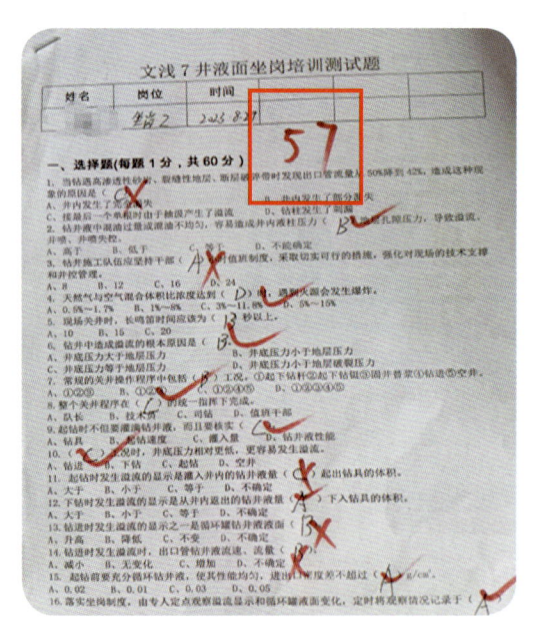

第 5.2 条：钻井单位或钻井队应对坐岗人员进行坐岗培训，考核合格后方可上岗。

第一章 人员管理

常见问题 2：未对外来作业人员进行 HSE 教育培训和考核

> **问题描述：**属地方未对外来作业人员进行 HSE 教育培训和风险告知。

> **相关标准：**Q/SY 01160—2019《钻井施工作业 HSE 管理要求》
第 4.1.4 条：e）井队是否已对作业人员进行了 HSE 教育培训和考核，并通过对作业人员的 HSE 能力评估，确认满足本项目的作业要求。

常见问题 3：未组织员工开展硫化氢防护知识培训，员工不能正确使用和维护保养硫化氢防护器具

> **问题描述：**员工不能熟练佩戴正压式空气呼吸器，佩戴时间超过 30s。

> **相关标准：**Q/SY 01160—2019《钻井施工作业 HSE 管理要求》
第 4.2.7.3 条：b）组织员工开展硫化氢防护知识的相关培训，使员工都能够正确使用和维护保养硫化氢防护器具。

常见问题 4：二层台逃生装置使用人员未经专业培训

▸ **问题描述：** 井架工不会使用二层台逃生装置。

▸ **相关标准：** SY/T 7028—2022《钻（修）井井架逃生装置安全规范》

第 9.1 条：首次使用逃生装置的人员，应由专业人员进行培训，培训合格后方可使用。

第三节　人员变更

常见问题 1：班组成员同岗位替换未经能力评估

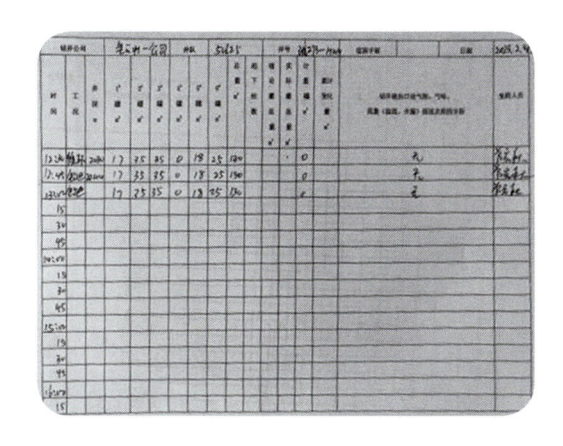

▶ **问题描述：** 当班外钳工因突发原因，被其他班组或其他钻井队的外钳工替换，未履行评估或审批。

▶ **相关标准：**《中国石油天然气集团公司员工安全环保履职考评管理办法》（中油安〔2014〕482号）

第十二条：基层单位负责对操作服务人员进行安全环保履职考核及履职能力评估。

常见问题 2：新入厂、转岗、重新上岗的一般员工未履行安全环保能力评估

▶ **问题描述：** 新入厂、转岗、重新上岗的一般员工未履行安全环保能力评估。

▶ **相关标准：**《中国石油天然气集团公司员工安全环保履职考评管理办法》（中油安〔2014〕482号）

第二十一条：一般员工新入厂、转岗和重新上岗前，应依据新岗位的安全环保能力要求进行培训，并进行入职前安全环保履职能力评估。

9

常见问题 3： 新入厂、转岗、重新上岗员工安全环保履职能力评估未包含 HSE 表现、HSE 技能、业务技能及应急处置能力等方面内容

> **问题描述：** 新入厂、转岗、重新上岗员工安全环保履职能力评估不全面。

> **相关标准：**《中国石油天然气集团公司员工安全环保履职考评管理办法》（中油安〔2014〕482 号）

第二十四条：一般员工的安全环保履职能力评估内容包括 HSE 表现、HSE 技能、业务技能和应急处置能力等方面。

02

第二章

井控管理

- 第一节　现场资料
- 第二节　井控装备
- 第三节　钻开油气层前的准备和验收
- 第四节　钻完井过程中的井控要求

第一节　现场资料

常见问题1：井控装置示意图部分信息缺失

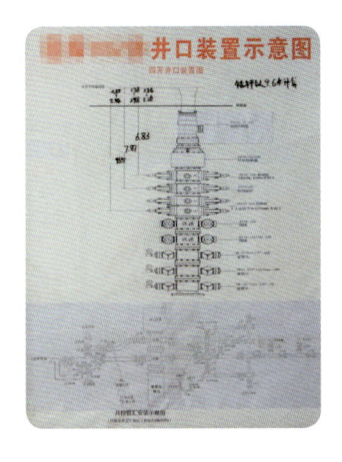

> **问题描述**：井控装置示意图未标注各闸板距转盘面的距离。

> **相关标准**：SY/T 6868—2023《石油天然气钻采设备　井控系统》

　　第6.4.7.2条：应在钻台上张贴标明防喷器组各闸板距转盘面的距离。

常见问题2：井控装备试压不合格

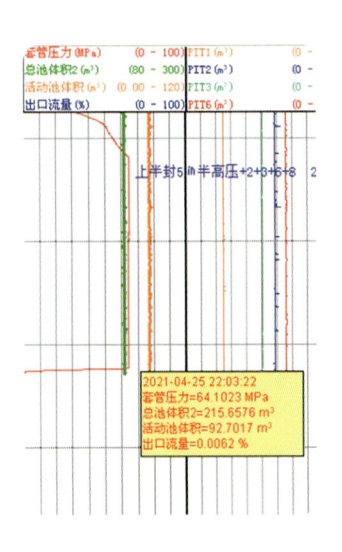

> **问题描述**：井控装备上半封月度试压高压试压曲线造假（试压70MPa，实际压降5.9MPa，造假压降0.6MPa）。

> **相关标准**：Q/SY 02552—2022《钻井井控技术规范》

　　第5.2.2.2条：高压试验压降不超过0.7MPa，密封部位无渗漏为合格。

常见问题 3：现场未开展钻开油气层前交底

▶ **问题描述**：现场钻开油气层前未组织全员开展安全技术交底。

▶ **相关标准**：Q/SY 02552—2022《钻井井控技术规范》

第 6.3 条：钻井队、录井队、钻井液等相关专业负责人应向钻井现场所有工作人员进行工程、地质、钻井液、井控装置和井控措施等方面的技术交底，并提出具体要求。

常见问题 4：工程设计要求落实不到位

▶ **问题描述**：现场未按设计要求做地破试验、承压试验。

▶ **相关标准**：Q/SY 02552—2022《钻井井控技术规范》

第 4.9 条：工程设计应明确每层套管固井开钻后，按 SY/T 5623 的要求测定套管鞋下易漏层的破裂压力（碳酸盐岩地层可不作地层破裂压力试验）。

常见问题 5：未按设计要求进行低泵冲试验

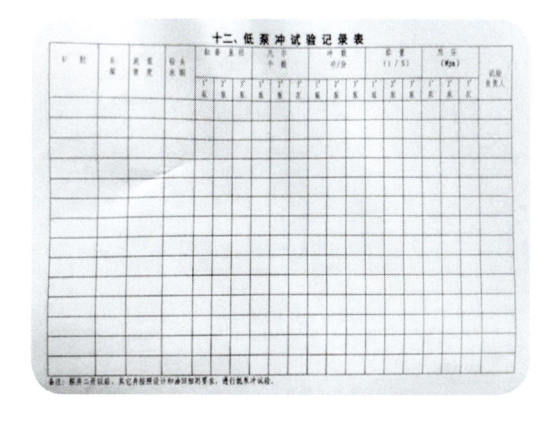

▶ **问题描述：** 未按标准要求进行低泵冲试验。

▶ **相关标准：** Q/SY 02552—2022《钻井井控技术规范》

第 7.3 条：新入井钻头开始钻进前、钻井液性能或钻具组合发生较大变化时，以及连续钻进 300～500m 应做低泵冲试验。

常见问题 6：防喷演习记录造假

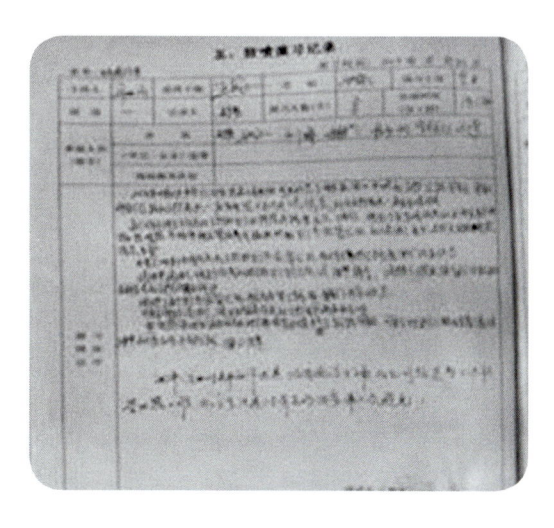

▶ **问题描述：** 依据防喷演习记录时间（2024 年 4 月 22 日 11：33），倒查视频监控发现现场该时间段并未开展防喷演习。

▶ **相关标准：** Q/SY 02552—2022《钻井井控技术规范》

第 6.4 条：作业班组按规定进行防喷演习，防喷演习的关井操作程序按照附录 D 执行，防喷演习记录表格参见附录 E。

常见问题 7：防喷演习记录内容填写不规范

▶ **问题描述**：防喷演习记录参演人员签字不全。

▶ **相关标准**：Q/SY 02552—2022《钻井井控技术规范》

第 6.4 条：作业班组按规定进行防喷演习，防喷演习的关井操作程序按照附录 D 执行，防喷演习记录表格参见附录 E。

常见问题 8：液面增减量超过 0.5m³ 未分析原因

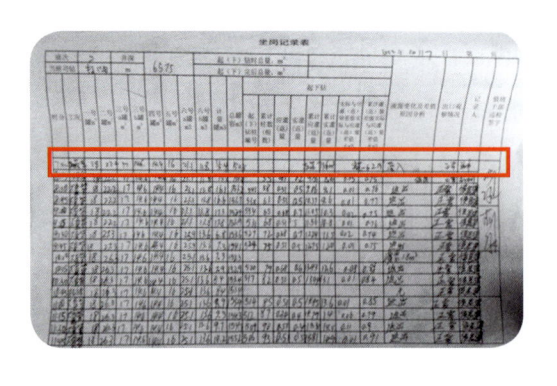

▶ **问题描述**：7：40 灌浆记录中理论灌浆 7.56m³，实际灌浆 6.2m³，变化量为 1.36m³，未分析原因并记录。

▶ **相关标准**：Q/SY 02876—2021《钻井井控坐岗规范》

第 6.2.2 条：坐岗人员应观察、记录循环罐液面变化，记录间隔时间不超过 15min，液面增减量超过 0.5m³ 时要分析并注明原因，发现异常情况及时报告司钻。

常见问题 9：起下钻未按细则要求错时记录

问题描述： 井队和录井未错时记录。

相关标准： Q/SY 02876—2021《钻井井控坐岗规范》

第 6.1.3 条：钻井、录井人员应同时坐岗，错开时间记录。

常见问题 10：坐岗记录填写错误

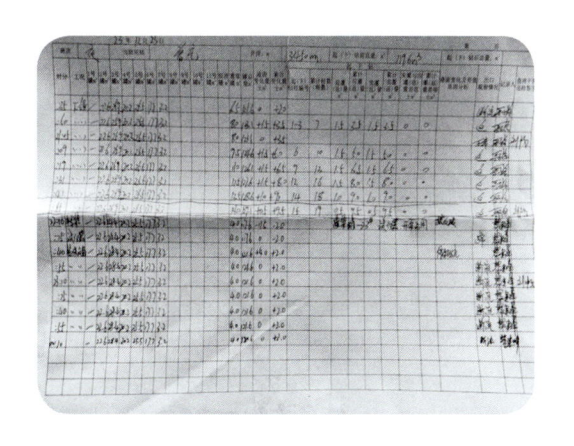

问题描述： 钻井液总量计算错误。

相关标准： Q/SY 02876—2021《钻井井控坐岗规范》

第 6.1.4 条：坐岗人员应定时校核所有循环罐钻井液量、液面报警器设置，填写井控坐岗记录表。

常见问题 11：钻井液告知书钻井液增加量与实际不符

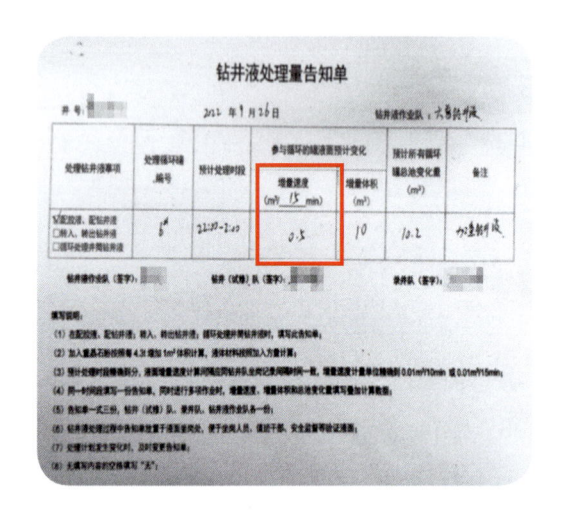

▶ **问题描述**：钻井液处理量告知单显示钻井液增量速度为每15min增加0.5m³，该增加量与27日1∶30—1∶45钻进过程中实际增加量2.2m³不符。

▶ **相关标准**：Q/SY 02876—2021《钻井井控坐岗规范》

第6.2.3条：处理钻井液，可能造成液面上涨时，钻井液人员应将液面预计增量对坐岗人员进行书面告知，预计液面增量速度应按钻井队坐岗记录间隔时间计算。

常见问题 12：坐岗人员履职不到位

问题描述：坐岗人员睡岗，未能及时发现溢流。

相关标准：Q/SY 02876—2021《钻井井控坐岗规范》

第 7.1 条：坐岗人员应及时发现溢漏，溢流量不超过 2m³。

常见问题 13：关井压力提示牌填写不规范

问题描述：关井压力提示牌最大允许关井压力计算错误。

相关标准：Q/SY 02552—2022《钻井井控技术规范》

第 5.3.15 条：最大允许关井套压值在节流管汇处用标识牌标识。

第二节　井控装备

常见问题 1：反压井管线未按细则要求固定

问题描述：反压井管线固定压板螺栓松动。

相关标准：Q/SY 02552—2022《钻井井控技术规范》

第 5.1.3.8 条：反压井管线应固定牢固。

常见问题 2：节流压井管汇闸阀未按细则要求挂牌编号

问题描述：部分闸阀未挂牌标识或挂牌与待命工况不相符。

相关标准：Q/SY 02552—2022《钻井井控技术规范》

第 5.3.16 条：井控管汇上所有井控闸阀都应挂牌编号并标明其开关状态。

常见问题 3： 节流管汇低压表截止阀开关状态与细则要求不符

问题描述： 节流管汇低压表截止阀处于常开状态。

相关标准： Q/SY 02552—2022《钻井井控技术规范》

第 5.1.3.6 条：b）低压量程压力表处于长关状态。

常见问题 4： 放喷管线弯接头安装不规范

问题描述： 放喷管线弯接头两端未分别固定。

相关标准： Q/SY 02552—2022《钻井井控技术规范》

第 5.1.3.4 条：h）转弯处两端用水泥基墩加地脚螺栓或地锚或预制基墩固定牢靠。

常见问题 5：放喷管线压板不规范

问题描述： 放喷管线压板尺寸与放喷管线不匹配。

相关标准： SY/T 5974—2020《钻井井场设备作业安全技术规程》

第 6.2.3.4 条：f）管线每隔 10～15m、转弯处两端、出口处应固定牢靠；若跨越 10m 宽以上的河沟、水塘等障碍，应支撑牢固。

常见问题 6：放喷管线出口处固定不规范

问题描述： 放喷管线出口处未用双基墩固定。

相关标准： SY/T 5964—2019《钻井井控装置组合配套、安装调试与使用规范》

第 3.5.4.5 条：放喷管线出口处应用双基墩固定。

常见问题 7：放喷管线安装固定不满足细则要求

问题描述： 放喷管线悬空跨度超过 10m，中间未支撑固定。

相关标准： Q/SY 02552—2022《钻井井控技术规范》

第 5.1.3.4 条：h）若跨越 10m 宽以上的河沟、水塘等障碍物或悬空超过 10m，应支撑牢固。

常见问题 8：自动点火装置故障

问题描述： 自动点火装置无电，不能正常工作。

相关标准： SY/T 5225—2019《石油天然气钻井、开发、储运防火防爆安全生产技术规程》

第 3.2.6 条：f）井场应配备自动点火装置，并备有手动点火器具。

常见问题 9：远控房电源线安装不规范

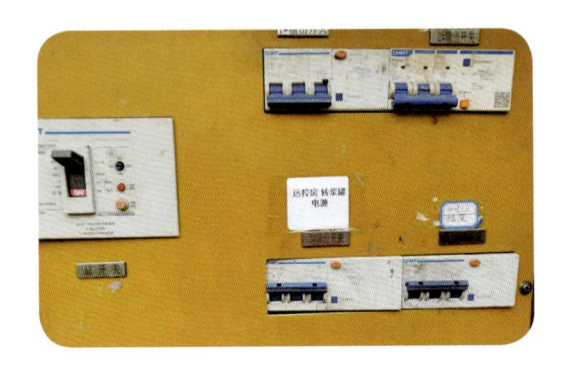

问题描述：远控房电源未使用单独的开关控制。

相关标准：Q/SY 02552—2022《钻井井控技术规范》

第 5.1.2.1 条：c）电源应从发电房或配电房用专线直接引出，并用单独的开关控制。

常见问题 10：剪切闸板三位四通阀未按细则要求安装防误操作装置

问题描述：剪切闸板三位四通阀未安装防护罩和定位销。

相关标准：Q/SY 02552—2022《钻井井控技术规范》

第 5.1.2.1 条：f）剪切闸板控制手柄应安装防止误操作的限位装置。

常见问题 11：远控房液压油乳化变质

▶ **问题描述**：远控房液压油乳化变质。

▶ **相关标准**：SY/T 6868—2023《石油天然气钻采设备 井控系统》

第 5.3.3.1 条：控制流体（液体和气体）的选择和维护应符合防喷器原设备制造商和控制流体供应商及设备所有者的最低要求。

常见问题 12：液控管线未检测

▶ **问题描述**：液控管线出厂超四年未进行检测。

▶ **相关标准**：Q/SY 02019—2017《井控设备控制系统用耐火软管使用规范和判废技术条件》

第 4.5.3 条：距生产日期已满四年的耐火软管按 6.3 进行承压能力测试，并形成报告。

常见问题 13： 旋塞阀等内防喷工具资料不全

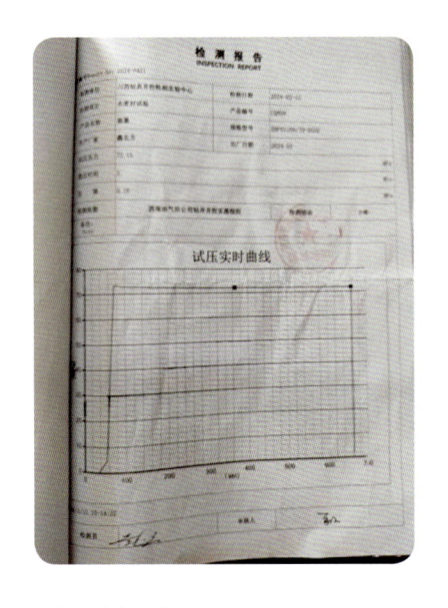

问题描述： 旋塞阀等内防喷工具无使用说明书和产品合格证。

相关标准： Q/SY 02663—2024《旋塞阀现场使用技术规范》

第 5 章：a）核实产品合格证及试压检测报告，以及名称、规格型号、产品编号、数量是否与送料清单、合格证一致。

常见问题 14： 液气分离器排气管线安装不规范

问题描述： 液气分离器排气管线出口端未安装防回火装置。

相关标准： Q/SY 02552—2022《钻井井控技术规范》

第 5.1.5.1 条：排气管线出口端应安装防回火装置，并具备点火条件。

常见问题 15：循环罐计量设施缺失

问题描述： 循环罐未安装液面体积直读标尺。

相关标准： Q/SY 02876—2021《钻井井控坐岗规范》

第 4.4 条：钻井液循环罐应安装液面直读标尺或超声波探测仪等直读检测装置，精度不低于 $0.2m^3$。

常见问题 16：液面标尺精度不满足细则要求

问题描述： 液面标尺精度低于 $0.2m^3$。

相关标准： Q/SY 02876—2021《钻井井控坐岗规范》

第 4.4 条：钻井液循环罐应安装液面直读标尺或超声波探测仪等直读检测装置，精度不低于 $0.2m^3$。

常见问题 17： 起下钻未使用专用灌浆罐

问题描述： 起下钻未使用专用灌浆罐。

相关标准： Q/SY 02876—2021《钻井井控坐岗规范》

第 4.3 条：油气层起下钻时，应使用专用灌浆罐。

常见问题 18： 液面报警器报警值设置错误

问题描述： 参与循环的钻井液罐液面报警器报警值设置大于 $0.2m^3$。

相关标准： Q/SY 02876—2021《钻井井控坐岗规范》

第 6.1.4 条：坐岗人员应定时校核所有循环罐钻井液量、液面报警器设置，填写井控坐岗记录。

常见问题 19：储备重浆未按要求搅拌、循环

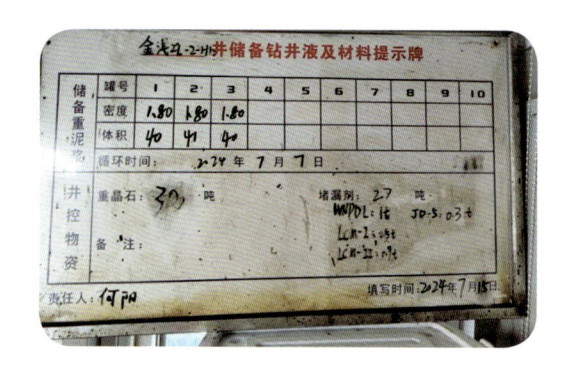

问题描述：储备重浆未定期循环。

相关标准：Q/SY 02876—2021《钻井井控坐岗规范》

第 6.8 条：按设计要求储备钻井液、加重钻井液、加重剂、堵漏材料和其他处理剂等钻井液体及材料，其中钻井液密度及其他性能应符合工程设计要求，储备加重钻井液应定期循环处理。

常见问题 20：储备罐安装不规范

问题描述：储备罐底面高于循环罐顶面小于 500mm。

相关标准：SY/T 5466—2013《钻前工程及井场布置技术要求》

第 3.6.2 条：基础施工的技术要求除应符合 SY/T 6199 的规定外，还应满足以下要求：d）钻井液储备罐如果未配供给、输出设施，储备罐底座应高于钻井液循环罐顶面 500mm 以上。

常见问题 21：除硫剂储备或加入不符合设计要求

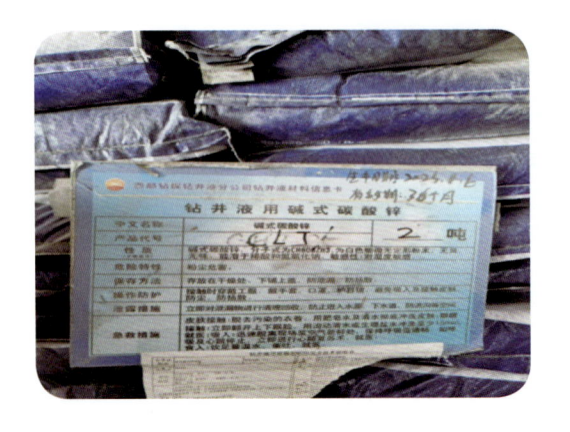

问题描述： 设计要求现场储备 3t 除硫剂，现场实际只储备了 2t。

相关标准： Q/SY 02115—2021《含硫油气井钻井作业规程》

第 11.2.2 条：含硫油气层钻进应在钻井液中添加除硫剂。

常见问题 22：正压式空气呼吸器配备不满足设计要求

问题描述： 正压式空气呼吸器配备数量不足。

相关标准： Q/SY 02552—2022《钻井井控技术规范》

第 6.4.3.1 条：在含硫化氢油气田进行钻井作业时，应按设计配备硫化氢监测仪、正压式空气呼吸器和充气泵。

常见问题 23：防喷管线连接方式不符合细则要求

▸ **问题描述：** 管线使用非法兰、螺纹方式连接。

▸ **相关标准：** Q/SY 02552—2022《钻井井控技术规范》

第 5.1.3.2 条：防喷管线应采用标准法兰连接，不应现场焊接。

常见问题 24：管线拐弯处使用弯头不符合细则要求

▸ **问题描述：** 管线拐弯处使用 90°弯头连接，未使用不小于 120°的铸（锻）钢弯头。

▸ **相关标准：** Q/SY 02552—2022《钻井井控技术规范》

第 5.1.3.4 条：e）转弯处应使用角度不小于 120°的铸（锻）钢弯头或 90°带抗冲蚀功能的铸（锻）钢弯头。

常见问题 25：连接防喷管的活接头密封件变形

问题描述： 连接防喷管的法兰钢圈损伤。

相关标准： Q/SY 02553—2022《井下作业井控技术规范》

第 5.3.1.7 条：防喷管活接头（由壬）连接时，应确保检查密封件完好、无损伤；法兰连接时，应检查钢圈槽清洁、无损伤。

常见问题 26：连续油管动力橇一处电源线断裂铜丝裸露

问题描述： 动力橇一处电源线断裂铜丝裸露。

相关标准： Q/SY 08124.3—2018《石油企业现场安全检查规范 第 3 部分：修井作业》

第 6.3.4.2 条：井场配电线路应采用橡套软电缆。

常见问题 27：钻台备用旋塞阀关位错误

问题描述： 钻台备用旋塞阀处于关位，与细则要求处于开位不符。

相关标准： Q/SY 02552—2022《钻井井控技术规范》

第 5.3.17 条：油气层作业应使用方钻杆旋塞阀或顶驱旋塞阀，并定期开关活动；钻台上配备与钻具扣型相符的止回阀或旋塞阀，应处于常开状态，并配备抢装专用工具，每次起钻前检查活动。

第三节 钻开油气层前的准备和验收

常见问题 1：未按标准进行地层承压能力检验

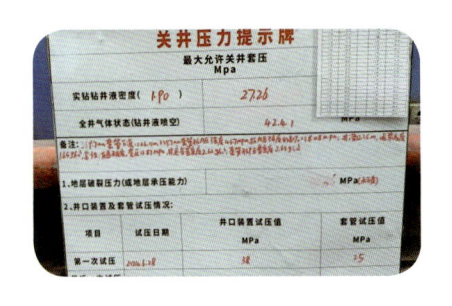

问题描述： 在进入油气层前 50～100m 未按照下步钻井的最高钻井液密度值进行地层承压能力检验。

相关标准： Q/SY 02552—2022《钻井井控技术规范》

第 6.1 条：加强随钻地层对比，及时提出可靠的地质预报。在进入油气层前 50～100m，按照下步钻井的设计最高钻井液密度值，对裸眼地层进行承压能力检验。

常见问题 2：地面流程管线超过 15m 中间未支撑

问题描述： 井控管线地面流程管线超过 15m 中间未支撑。

相关标准：《西南油气田分公司井下作业井控实施细则》

（六）管线的固定：3.管线每隔 10～15m 用基墩固定，悬空长度超过 10m 时中间应支撑牢固。

常见问题 3：ESD 控制柜进油管线连接处渗油

问题描述： ESD 控制柜进油管线连接处渗油。

相关标准：《西南油气田分公司井下作业井控实施细则》

液压控制管线在安装前应逐根检查，确保畅通，并有标识，管排架上的管线应连接牢固，密封良好，连接处便于观察液压油有无渗漏现象。

常见问题 4：钻开油气前防喷演习制度未落实

▶ **问题描述：** 钻开油气前未按规定进行防喷演习。

▶ **相关标准：** Q/SY 02552—2022《钻井井控技术规范》

第 6.4 条：作业班组按规定进行防喷演习，防喷演习的关井操作程序按照附录 D 执行，防喷演习记录表格式参见附录 E。防喷演习讲评内容应包括关井操作顺序是否正确，各项操作是否有遗漏、是否达到要求，人员岗位是否正确，完成时间是否达到要求等。

常见问题 5：含硫地区防硫化氢演习不合格

▶ **问题描述：** 含硫地区防硫化氢演习超时。

▶ **相关标准：** Q/SY 02552—2022《钻井井控技术规范》

第 6.5 条：含硫地区钻井应进行防硫化氢演习，直至合格为止，并检查落实各方面安全预防工作。

常见问题 6：返排液计量罐液位计缺少下限标志

▸ **问题描述：** 返排液计量罐液位计缺少下限标志。

▸ **相关标准：**《中国石油天然气集团公司安全目视化管理规范》（安全〔2009〕552号）

第十九条：应在就地指示计量罐、各类液位计等上标识出工作范围，粘贴校验合格标签。

第四节　钻完井过程中的井控要求

常见问题 1：钻井液密度不符合设计要求

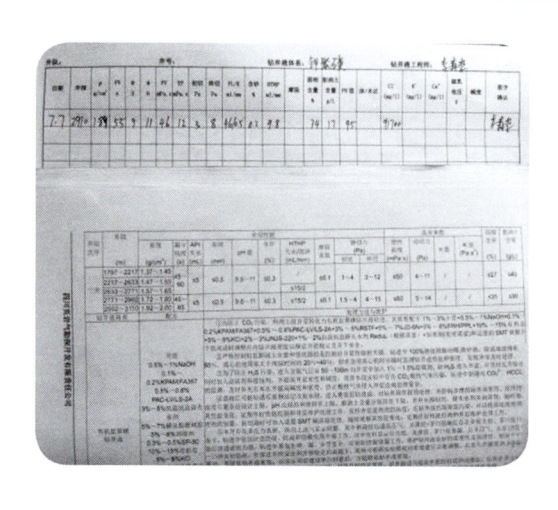

▸ **问题描述：** 钻井液密度与设计要求不符。

▸ **相关标准：** Q/SY 02552—2022《钻井井控技术规范》

第 7.1 条：钻井队应严格按工程设计选择钻井液类型和密度值。

常见问题 2：钻井液密度超设计未进行变更

问题描述： 钻井液密度变更未严格履行变更手续。

相关标准： Q/SY 02552—2022《钻井井控技术规范》

第 7.1 条：钻井队应严格按工程设计选择钻井液类型和密度值。当发现实际与设计不相符合时，应按审批程序及时申报变更设计，经批准后才能实施。

常见问题 3：测井队未进行技术交底

问题描述： 测井队测井前未开展技术交底。

相关标准： Q/SY 02552—2022《钻井井控技术规范》

第 7.12 条：b）测井前，测井队应对现场作业人员进行技术交底，就井控风险防控、硫化氢防护提出具体要求，明确应急处置程序。

常见问题 4："三高"油气井测井前未开展联合防喷、防硫化氢演习

问题描述："三高"油气井测井前测井队未与钻井队开展联合防喷、防硫化氢演习。

相关标准：Q/SY 02552—2022《钻井井控技术规范》

第 7.12 条：c)"三高"油气井测井前，测井队应与钻井队联合开展相应的防喷、防硫化氢演习。

常见问题 5：测井前钻井队未设置防喷立柱或防喷单根

问题描述：测井前钻井队未准备防喷立柱。

相关标准：Q/SY 02552—2022《钻井井控技术规范》

第 7.12 条：d)测井前钻井队准备防喷立柱，测井队配备剪断电缆的工具及其他配套工具。

常见问题 6：测井队无剪断电缆的工具

> **问题描述**：测井队现场施工未配备剪断电缆的工具。

> **相关标准**：Q/SY 02552—2022《钻井井控技术规范》

第 7.12 条：d）测井前钻井队准备防喷立柱，测井队配备剪断电缆的工具及其他配套工具。

常见问题 7：下套管前未换装与套管尺寸匹配的半封闸板

> **问题描述**：下技术套管前未更换与套管尺寸匹配的半封闸板。

> **相关标准**：Q/SY 02552—2022《钻井井控技术规范》

第 7.14 条：c）下技术套管和油层套管前，应换装与套管尺寸匹配的半封闸板。

常见问题 8：下套管、注水泥过程中坐岗不规范

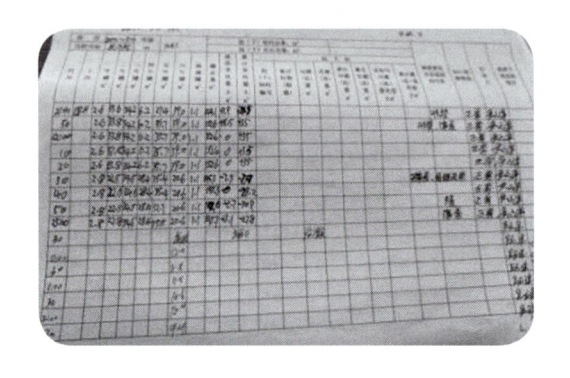

问题描述： 下套管、注水泥过程中坐岗人员未记录返出量。

相关标准： Q/SY 02552—2022《钻井井控技术规范》

第 7.14 条：d）下套管、注水泥过程中，钻井队、录井队安排专人坐岗，观察并记录灌入、返出量，及时发现井漏、溢流及其他异常情况。

常见问题 9：候凝期间拆卸井控装备

问题描述： 候凝期间拆卸井口内防喷管线。

相关标准： Q/SY 02552—2022《钻井井控技术规范》

第 7.14 条：e）候凝期间，不应拆卸井控装备。

常见问题 10：录井队未定时到循环罐核实钻井液量

问题描述： 录井队未定时到循环罐上核实钻井液量。

相关标准： Q/SY 02552—2022《钻井井控技术规范》

第 7.16 条：e）录井人员应定时到循环罐上核对钻井液量。

03

第三章

安全管理

- 第一节　安全设备设施
- 第二节　生产设备设施
- 第三节　特种设备设施
- 第四节　风险作业
- 第五节　化学品管理
- 第六节　检测仪器
- 第七节　承包商管理
- 第八节　交叉作业

第一节　安全设备设施

1. 二层台逃生装置设施

常见问题 1： 二层台逃生装置未定期检查

问题描述： 二层台逃生装置上次检查日期为 2021 年 5 月 23 日，下次检查日期应为 2022 年 5 月 23 日，超期使用。

相关标准： SY/T 7028—2022《钻（修）井井架逃生装置安全规范》

第 10.1 条：使用期限满一年或累计下滑距离达到 1000m，应由制造商授权的单位检查维修 1 次。

常见问题 2：二层台逃生装置未安装警示标识牌

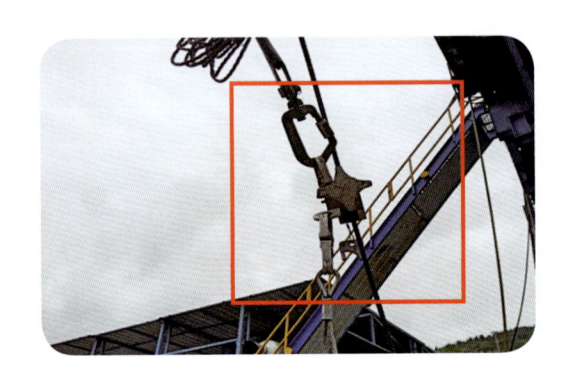

> **问题描述**：逃生装置下端手动控制器处未安装警示牌。

> **相关标准**：SY/T 7028—2022《钻（修）井井架逃生装置安全规范》

第 6.1.4.3 条：上端手动控制器处警示牌应处于取下状态，下端手动控制器处警示牌应处于插入状态。

常见问题 3：二层台逃生装置超期使用

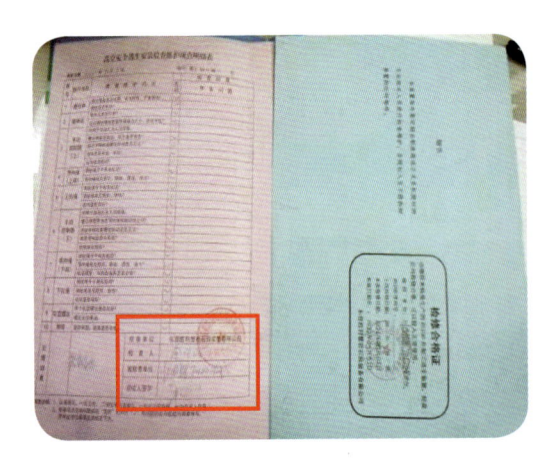

> **问题描述**：二层台逃生装置使用年限超过五年，现场未进行报废处理。

> **相关标准**：SY/T 7028—2022《钻（修）井井架逃生装置安全规范》

第 10.3 条：整套逃生装置的正常使用寿命为五年，到期应报废。

第三章 安全管理

常见问题 4： 二层台逃生装置下滑人员落地点安全措施未落实

▶ **问题描述：** 二层台逃生装置下滑人员落地点未设置缓冲软垫或缓冲沙。

▶ **相关标准：** SY/T 7028—2022《钻（修）井井架逃生装置安全规范》

第 9.3 条：二层台逃生装置下滑人员落地点应设置缓冲沙坑或软垫。

常见问题 5： 二层台逃生装置更换配件与原配件规格型号不同

▶ **问题描述：** 二层台逃生装置更换悬挂体固定绳、导向绳的连接固定螺栓、钢丝绳卡、花篮螺栓、卸扣等配件非原配件规格型号。

▶ **相关标准：** SY/T 7028—2022《钻（修）井井架逃生装置安全规范》

第 6.4.2 条：需要更换悬挂体固定绳、导向绳的连接固定螺栓、钢丝绳卡、花篮螺栓、卸扣等配件时，应与原配件的规格型号相同。

47

常见问题 6：二层台逃生装置安装不规范

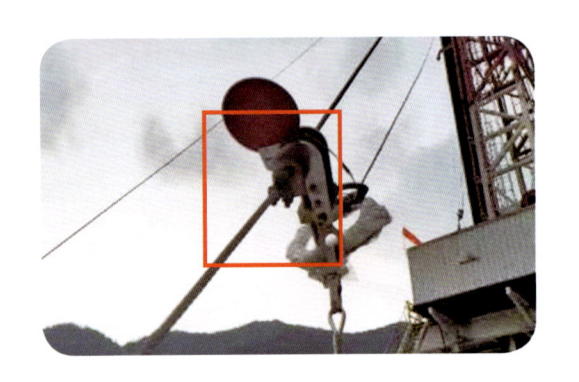

> **问题描述**：二层台逃生装置导向绳和限速拉绳相互缠绕。

> **相关标准**：SY/T 7028—2022《钻（修）井井架逃生装置安全规范》

第 9.6 条：导向绳和限速拉绳不应相互缠绕。

常见问题 7：二层台逃生装置更换关键部件后未进行试滑

> **问题描述**：二层台逃生装置更换缓降器后未按要求进行试滑。

> **相关标准**：SY/T 7028—2022《钻（修）井井架逃生装置安全规范》

第 6.3.2 条：更换缓降器、手动控制器、地锚等关键部件的逃生装置，应进行试滑。

2. 防碰装置

常见问题 1：数码防碰装置失效

问题描述： 在起钻过程中关闭数码防碰装置。

相关标准： SY/T 6586—2020《石油天然气钻采设备　钻机现场安装及检验》

第 5.3.5.6 条：d）数码防碰装置：其数据采集传感器应连接牢固，工况显示正确，动作反应灵敏准确。

常见问题 2：过卷阀式防碰天车气路故障

问题描述： 过卷阀式防碰天车气路泄漏。

相关标准： SY/T 5974—2020《钻井井场设备作业安全技术规程》

第 4.3.6.1 条：过卷阀式防碰天车气路应无泄漏。

常见问题 3：机械式防碰天车牵引钢丝绳安装不规范

▸ **问题描述**：机械式防碰天车牵引钢丝绳走向不顺畅。

▸ **相关标准**：SY/T 5974—2020《钻井井场设备作业安全技术规程》

第 4.3.6.2 条：机械式防碰天车用无结钢丝绳作引绳应走向顺畅，钢丝绳与上拉销连接后的受力方向与下拉销的插入方向所成的夹角应不大于 30°。

3. 防坠落装置

常见问题 1：井架底座未安装防坠落装置

▸ **问题描述**：在井口防喷器装置上高处作业未使用防坠落装置。

▸ **相关标准**：SY/T 7668—2022《石油钻井安全监督规范》

表 A.1：高于地面 2m 的高处作业时应使用防坠落用具。

常见问题 2：防坠落装置损坏失效

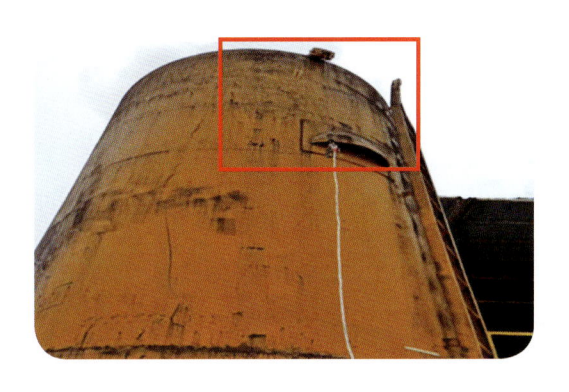

> **问题描述**：灰罐顶部安装的防坠落装置损坏，无法自动回收。

> **相关标准**：Q/SY 08124.2—2018《石油企业现场安全检查规范 第 2 部分：钻井作业》

第 6.5.1.4 条：逃生装置、防坠落装置应在安装完成后进行测试、定期检查，并做好记录，不应有变形、弯曲、严重伤痕、破损、锈蚀。

常见问题 3：防坠落装置存在卡顿现象

> **问题描述**：防坠落装置下行卡顿，未定期保养。

> **相关标准**：Q/SY 08124.2—2018《石油企业现场安全检查规范 第 2 部分：钻井作业》

第 6.5.1.4 条：逃生装置、防坠落装置应在安装完成后进行测试、定期检查，并做好记录，不应有变形、弯曲、严重伤痕、破损、锈蚀。

4. 安全带

常见问题 1：安全带损坏未及时更换

问题描述：现场一具安全带的缓冲包已损坏，未及时更换。

相关标准：Q/SY 08515.1—2017《个人防护管理规范　第 1 部分：防坠落用具》

第 5.3.1 条：安全带、安全绳、吊绳等坠落防护用具在每次使用前应进行外观检查，发现下列情况（但不限于）应立即停止使用。检查的内容包括：检查是否存在断裂、不规则绳股、松散、腐烂及其他性能变差现象。

常见问题 2：安全带未定期检查

问题描述：安全带未按时检查并记录。

相关标准：Q/SY 08515.1—2017《个人防护管理规范　第 1 部分：防坠落用具》

第 5.3.2 条：企业应根据制造商的建议对安全带、安全绳、吊绳等坠落防护用具进行定期检查并保持记录，每年不得少于两次。

常见问题 3：安全带超期使用

▶ **问题描述**：现场使用的安全带超过厂家规定使用年限。

▶ **相关标准**：Q/SY 08515.1—2017《个人防护管理规范 第 1 部分：防坠落用具》

第 5.5.2 条：安全带和坠落防护用具应依据批量购入时间，按照国家规定或产品说明书要求定期送到检验机构进行检验，检验合格后，方可继续使用。

5. 防火防爆

常见问题 1：井口 30m 内使用非防爆电气设备

▶ **问题描述**：司钻房内使用多孔普通插线板。

> **问题描述：** 电缆接头处未使用防爆接线盒。

> **相关标准：** SY/T 5225—2019《石油天然气钻井、开发、储运防火防爆安全生产技术规程》

　　第 3.2.5 条：井场距井口 30m 以内的电气系统，包括电机、开关、照明灯具、仪器仪表、电气线路及接插件、各种电动工具等在内的所有电气设备均应符合防爆要求。

常见问题 2：防爆控制柜超年限使用

> **问题描述：** 现场顶驱防爆控制柜超过使用年限未进行检测。

> **相关标准：** AQ 3009—2007《危险场所电气防爆安全规范》

　　第 7.1.3.2 条：定期检查应委托具有防爆专业资质的安全生产检测检验机构进行，时间间隔一般不超过三年。

常见问题 3：电气设备接地线未固定安装

问题描述：现场设备接地线桩未固定安装。

相关标准：SY/T 7386—2017《钻修井井场雷电防护规范》

第 6.2.2 条：a) 接地装置、等电位联结导线等是否安装到位。若发现缺失或损坏，应补充或修复。

6. 钢丝绳、吊索具

常见问题 1：钢丝绳断丝达到报废标准继续使用

问题描述：钻台 B 型钳尾绳断丝超标未及时更换。

相关标准：SY/T 6666—2017《石油天然气工业用钢丝绳的选用和维护的推荐作法》

第 7.2.3 条：钢丝绳更换原则取决于断丝数、断丝所处位置及钢丝绳类型：多层股钢丝绳，同层股的一个股中顶部断丝达三根或同层股中顶部断丝数达六根时；阻旋转钢丝绳，六倍钢丝绳直径的一个长度内顶部断丝数达两根或 30 倍钢丝绳直径内顶部断丝数达四根时；如果钢丝绳的工作长度内有两根谷部断丝时；单捻钢丝绳，邻近绳端断丝数多于一根时。

常见问题 2：现场使用自制钢丝绳

问题描述：钻台 B 型钳尾钢丝绳编织粗糙，未封头。

相关标准：Q/SY 07286—2020《油田起重用钢丝绳吊索》

第 5.2.2.1 条：钢丝绳端头捆扎材料可选用镀锌铁丝或镀锡铁丝。

第 5.2.2.2 条：钢丝绳应用砂轮机或无齿锯切割机进行切割，不应用氧气乙炔切割。

常见问题 3：钢丝绳维护保养不到位

问题描述：钻台气动小绞车钢丝绳锈蚀。

相关标准：Q/SY 02013—2016《石油钻机钢丝绳索具配套与使用规范》

第 5.3.2 条：钢丝绳索具存放前，应清除表面细屑杂物和绳股间的油污，并涂上油脂。

常见问题 4： 在用的吊带破损未报废处理

问题描述： 钻台使用破损吊带，未及时报废，存在断裂风险。

相关标准： SY/T 6279—2022《大型设备吊装安全规程》

第 5.3.1.4 条：合成纤维吊装带出现以下情况应报废：无标牌；本体损伤、带股松散、局部破裂；表面失色老化、发霉变质、被腐蚀；合成纤维剥落、弹性变小、表面破裂、边缘割断等。

常见问题 5： 使用后的吊带未定置存放

问题描述： 使用后的吊带浸泡在柴油中。

相关标准： Q/SY 08643—2018《安全目视化管理导则》

第 5.3.4 条：所有工器具，包括本标准定义之外的其他器具，应进行定置管理。

常见问题 6： 现场使用的吊带无标记

问题描述： 场地吊装使用的吊带无生产日期、吨位等信息。

相关标准： LD 48—93《起重机械吊具与索具安全规程》

第 11.7 条：在吊索端部配件的适当部位或标牌上做出不易损坏（或丢失）的标记。

第二节　生产设备设施

1. 吊车

常见问题 1： 吊车限位器、安全锁舌损坏失效

问题描述： 吊车小钩限位器损坏失效。

▶ **问题描述：** 吊车大钩安全锁舌损坏，自锁功能失效。

▶ **相关标准：** Q/SY 08248—2018《移动式起重机吊装作业安全管理规范》

第 5.2.2 条：经常性检查。

起重机司机每天工作前应对控制装置、吊钩、钢丝绳安全装置进行检查，发现异常时，应在操作前排除。若使用中发现安全装置（如上限位装置、过载装置等）损坏或失效，应立即停止使用。

常见问题 2：吊车支腿液缸漏油

▶ **问题描述：** 吊车支腿液缸密封失效，液压油渗漏。

▶ **相关标准：** Q/SY 08248—2018《移动式起重机吊装作业安全管理规范》

第 5.3.4 条：应经常对液压传输控制系统进行维护，防止发生操作事故或液压油泄漏事故。

常见问题 3：现场使用的吊车未定期检验

> **问题描述：** 吊车司机无法提供吊车检测报告，未定期检验。

> **相关标准：** Q/SY 08248—2018《移动式起重机吊装作业安全管理规范》

第 5.2.3.2 条：起重机还应接受政府部门的定期检验。从启用到报废，应定期检查并保留检查记录。

2. 小绞车

常见问题 1：小绞车操作手柄无法复位

> **问题描述：** 小绞车操作手柄弹簧损坏，无法复位。

> **相关标准：** SY/T 5532—2016《石油钻井和修井用绞车》

第 7.1.4 条：换挡装置试验

换挡装置应按以下要求进行试验：a）操作各挡换挡动作至少三次，动作应准确、迅速地挂合和脱离，无卡阻现象，锁挡可靠。

常见问题 2：小绞车刹车失灵

▶ **问题描述**：小绞车手刹、脚刹失灵。

▶ **相关标准**：SY/T 5532—2016《石油钻井和修井用绞车》

第 6.4.8 条：电磁刹车、水刹车及气动盘式刹车等辅助刹车的安装应符合如下要求：b）电磁刹车或水刹车找平找正后，与滚筒轴的同轴度不大于 ϕ0.4mm，刹车离合器摘挂灵活。c）气动推盘式刹车找平找正，以安装轴为基准，同轴度不大于 ϕ0.5mm，刹车动作灵敏可靠。

常见问题 3：小绞车钢丝绳排列不齐、缠乱

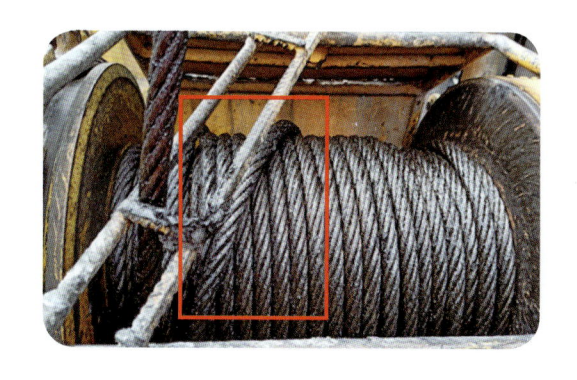

▶ **问题描述**：小绞车钢丝绳缠乱。

▶ **相关标准**：SY/T 5532—2016《石油钻井和修井用绞车》

第 7.1.11 条：排绳试验

在与绞车功率相匹配的钻机起下钻作业时空钩悬重的情况下，在绞车设计的不同挡位、不同滚筒转速下进行排绳试验，检查钢丝绳排列是否整齐。

常见问题 4：小绞车钢丝绳变形、断丝

问题描述： 小绞车钢丝绳变形、出现断丝，现场未及时更换。

相关标准： SY/T 6586—2020《石油天然气钻采设备　钻机现场安装及检验》

第 5.11.3.3 条：起重钢丝绳应采用不小于 ϕ15.9mm 的钢丝绳，无打结、断丝和锈蚀。

常见问题 5：小绞车安全防护措施缺失

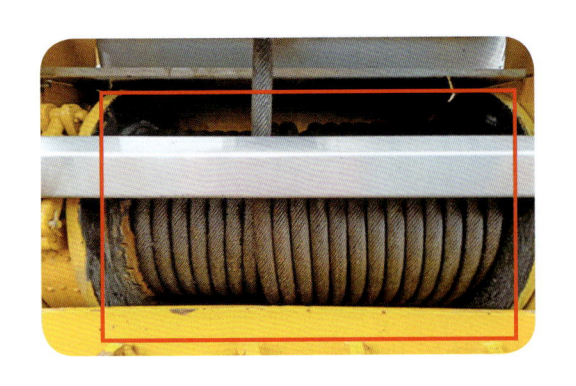

问题描述： 小绞车旋转部位防护罩缺失。

相关标准： SY/T 6586—2020《石油天然气钻采设备　钻机现场安装及检验》

第 5.3.5.1 条：绞车与绞车梁连接牢固，绞车及其传动系统的护罩齐全完好、固定牢固。

常见问题 6：小绞车气源压力不足

> **问题描述：** 钻台底座气源分配罐至小绞车气源阀门关闭，气源压力为零。

> **相关标准：** SY/T 6586—2020《石油天然气钻采设备 钻机现场安装及检验》

第 4.5.7.1 条：气控系统气压低于 0.6MPa 时，不应进行作业。

3. 井架和底座

常见问题 1：井架和底座结构件受损变形

> **问题描述：** 井架底座轨道斜拉筋弯曲变形。

> **相关标准：** Q/SY 08124.2—2018《石油企业现场安全检查规范 第 2 部分：钻井作业》

第 7.4.2.1 条：井架和底座在安装前应仔细检查，不应有变形、弯曲、严重伤痕、破损、锈蚀。

常见问题 2：电线存在老化、破损

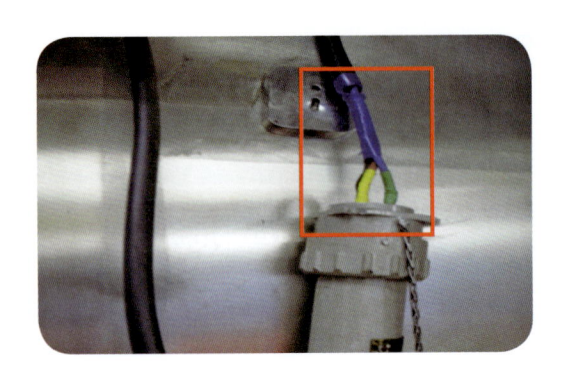

问题描述： 司钻房顶部照明灯电线破损后直接连接，未使用防爆接头连接。

相关标准： Q/SY 08124.2—2018《石油企业现场安全检查规范 第 2 部分：钻井作业》

第 7.4.3.5 条：设备就位后，应由专业技术人员及有关人员做全面系统检查，确认 VFD 房（或 SCR 房）房内元器件（包括母排）螺钉和接线端子紧固，各操作保护部件灵活可靠，空调、变压器、制动电阻等完好，电缆外皮完好，各接插件的插针、插孔压接或焊接牢固。

常见问题 3：井架照明设施损坏

问题描述： 井架防爆照明灯损坏。

相关标准： Q/SY 08124.2—2018《石油企业现场安全检查规范 第 2 部分：钻井作业》

第 7.4.3.1 条：井场电气的设计、选型与安装应满足施工要求。井场设配电控制中心及相应的分区、分类配电控制子中心，防爆区电气装置、电器、电动机应符合防爆要求。

常见问题 4：井架防爆灯安装固定不规范

问题描述： 井架防爆灯固定不牢靠、未拴保险链。

相关标准： SY/T 5974—2020《钻井井场设备作业安全技术规程》

第 4.11.4.3 条：灯具固定位置应符合施工要求，且固定牢靠。

常见问题 5：井架大绳与井架接触部位无防磨措施

问题描述： 钻井大绳与钻台面金属存在磨割现象。

相关标准： SY/T 6117—2016《石油钻机和修井机使用与维护》

第 4.3.1 条：e）采用钢丝绳伸缩上节井架时，伸缩作业前应事先检查钢丝绳，与井架间应无挂蹭现象。

常见问题 6：钻井大绳死绳端未安装死绳稳定器

▶ **问题描述：** 钻井大绳（钢丝绳）死绳端未安装稳定器。

▶ **相关标准：** SY/T 5974—2020《钻井井场设备作业安全技术规程》

第 4.2.2.2 条：j）钻井钢丝绳活绳头和死绳应固定可靠。

常见问题 7：高压立管固定连接不规范

▶ **问题描述：** 高压立管固定连接松动。

▶ **相关标准：** SY/T 6586—2020《石油天然气钻采设备 钻机现场安装及检验》

第 5.6.3.1 条：高压立管应上吊下垫，不应将弯头直接挂在井架拉筋上。立管与井架间应垫方木或专用立管固定胶块，固定牢固，有防松、防坠措施。

常见问题 8：高压立管固定连接不规范

问题描述：高压管线固定卡子脱落，管线抖动，导致管线与固定底座反复摩擦。

相关标准：SY/T 5974—2020《钻井井场设备作业安全技术规程》

第 4.6.2.1 条：高压软管的两端应用直径不小于 ϕ16mm 的钢丝绳缠绕后与相连接的硬管线接头卡固，或使用专用软管安全链卡固。

常见问题 9：高压立管闸阀手柄缺失

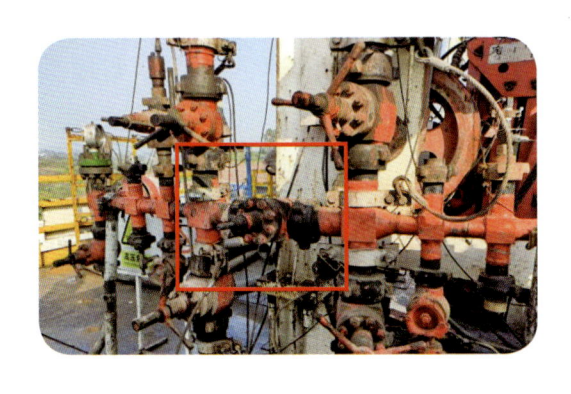

问题描述：高压立管阀门组处的一个高压阀门操作手轮缺失。

相关标准：SY/T 6586—2020《石油天然气钻采设备 钻机现场安装及检验》

第 5.6.2.2 条：阀门手轮齐全，开关灵活，无渗漏。

常见问题 10：高压立管闸阀开关不灵活

问题描述： 高压立管阀门组处的一个高压阀门缺乏维护保养，开关不灵活。

相关标准： SY/T 6586—2020《石油天然气钻采设备 钻机现场安装及检验》

第 5.6.2.2 条：阀门手轮齐全，开关灵活，无渗漏。

常见问题 11：钻修井井架未按照标准进行定期检测评定

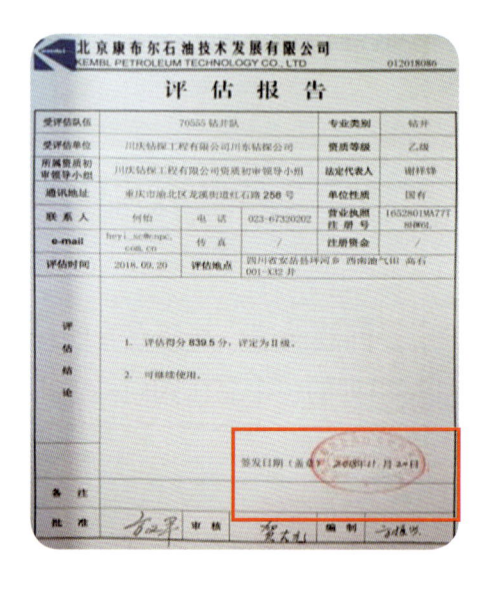

问题描述： 钻机井架检测超期未检。

相关标准： SY/T 6326—2019《石油钻机和修井机井架承载能力检测评定方法及分级规范》

第 9.2.1.1 条：a）井架出厂年限达到第八年进行第一次检测评定；

b）评为 A 级和 B 级且使用年限超过 12 年的井架每两年检测评定一次；

c）评为 C 级的井架每年检测评定一次。

第三章 安全管理

常见问题 12：上二层台井架梯子护笼存在裂缝、严重锈蚀

问题描述：上二层台的梯子存在裂缝。

相关标准：Q/SY 08124.2—2018《石油企业现场安全检查规范 第2部分：钻井作业》

第 6.5.1.6 条：天车、井架、二层台、钻台、机房、泵房、循环系统、钻井液储备罐的护栏和梯子应齐全牢固，扶手光滑，坡度适当。

常见问题 13：井架上梯子未安装防坠落装置

问题描述：上二层台的梯子处未安装差速器和助力器。

相关标准：Q/SY 08124.2—2018《石油企业现场安全检查规范 第2部分：钻井作业》

第 6.5.1.4 条：二层台应配置紧急逃生装置、防坠落装置（速差自控器、全身式安全带），工具拴好保险绳。逃生装置、防坠落装置应在安装完成后进行测试、定期检查，并做好记录。

常见问题 14： 二层视频监控系统缺失

问题描述： 二层台未安装监控设备设施。

相关标准： GB/T 23505—2017《石油天然气工业 钻机和修井机》

第 6.2.30 条：应配备井场喊话、通话等通信系统，以及二层台、钻井泵组等部位的电视监控系统。

常见问题 15： 二层台入口处无防护措施

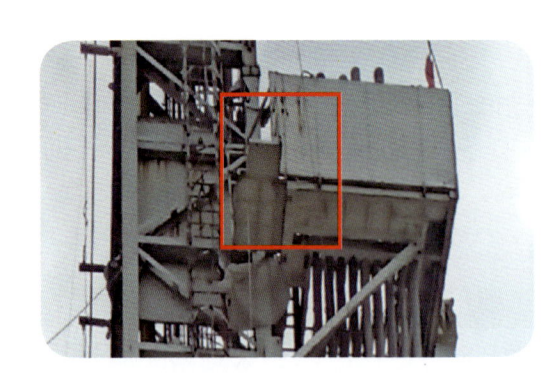

问题描述： 二层应急逃生出口逃生处无活门或安全链。

相关标准： Q/SY 08124.2—2018《石油企业现场安全检查规范 第 2 部分：钻井作业》

第 6.5.1.6 条：天车、井架、二层台、钻台、机房、泵房、循环系统、钻井液储备罐的护栏和梯子应齐全牢固，扶手光滑，坡度适当。

4. 游吊系统

常见问题 1： 游车及大钩的螺栓、销子及护罩缺失或损坏

▶ **问题描述：** 游车护罩变形。

▶ **相关标准：** SY/T 6586—2020《石油天然气钻采设备 钻机现场安装及检验》

第 5.3.4.1 条：游车的螺栓、销子齐全紧固，护罩完好无损。

常见问题 2： 水龙带未加装安全链或固定不牢靠

▶ **问题描述：** 水龙带未加装安全链。

▶ **相关标准：** SY/T 6586—2020《石油天然气钻采设备 钻机现场安装及检验》

第 5.6.3.2 条：水龙带应加装安全链（绳），两端分别固定在水龙头鹅颈管支架和立管弯管上。

常见问题 3：水龙带与死绳接触拉挂摩擦

> **问题描述**：水龙带与死绳及气动小绞车钢丝绳存在摩擦。

> **相关标准**：SY/T 6586—2020《石油天然气钻采设备 钻机现场安装及检验》

第 5.3.1.4 条：井架试起升要求如下（以钢丝绳起升为例）：c）绞车低速运转，逐渐拉紧钻井钢丝绳，使井架抬离井架前端支架 100～200mm，刹车制动，检查钻井用辅助钢丝绳、钻井钢丝绳的死绳、水龙带等有无拉挂、缠绕现象。

常见问题 4：吊环未定期探伤检测

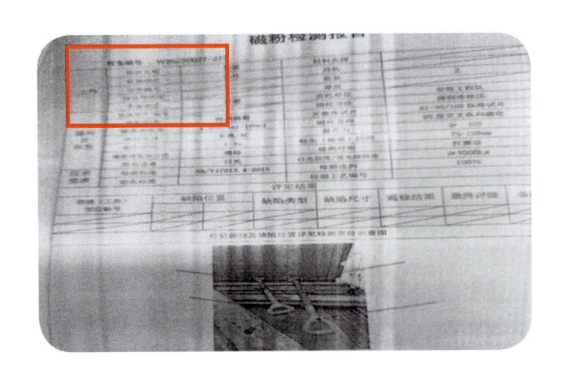

> **问题描述**：吊环超过半年未探伤检测。

> **相关标准**：Q/SY 08124.3—2018《石油企业现场安全检查规范 第 3 部分：修井作业》

第 6.6.2.10 条：吊环等长无变形，并应定期探伤。

5. 转盘及传动装置

常见问题 1：转盘锁定装置卡死

问题描述：转盘锁定装置长期未活动保养，导致卡死。

相关标准：Q/SY 08124.2—2018《石油企业现场安全检查规范 第2部分：钻井作业》

表 B.11：主体设备/转盘/d）：转盘及大方瓦锁紧装置可靠，工作灵活。

常见问题 2：钻台安全措施落实不到位

问题描述：钻台未铺设防滑垫。

相关标准：SY/T 5974—2020《钻井井场设备作业安全技术规程》

第 4.3.8.1 条：钻台应清洁，有防滑措施；设备、工具应摆放整齐，通道畅通。

常见问题 3：转盘及传动装置油池油量不满足要求

▸ **问题描述**：转盘传动装置油面在刻度以下。

▸ **相关标准**：SY/T 7668—2022《石油钻井安全监督规范》
表 B.1：转盘 /b)：转盘及传动装置油池油面在刻度范围内。

常见问题 4：万向轴连接螺栓缺失，未安装防松动装置

▸ **问题描述**：钻台下万向轴连接螺栓未安装防松动装置。

▸ **相关标准**：SY/T 5974—2020《钻井井场设备作业安全技术规程》
第 4.4.2 条：各底座、柴油机、并车联动装置及万向轴等的螺栓连接应采取正确的防松措施。

6. 顶驱装置

常见问题 1： 顶驱主承载件或反扭矩固定装置变形，紧固件松动、断裂

问题描述： 顶驱导轨固定螺栓变形。

相关标准： Q/SY 02018—2017《顶驱使用和维护保养规范》

第 4.2.2 条：出现下述情况之一，应停止顶驱作业：

c）需要停机检查的故障，包括但不限于：

1）顶驱主承载件或反扭矩固定装置变形，紧固件松动、断裂。

常见问题 2： 顶驱导轨连接销及 U 型卡锁销缺失

问题描述： 顶驱导轨连接销缺失。

相关标准： SY/T 6870—2021《石油天然气钻采设备 顶部驱动系统安装、调试与维护》

表 A.21：导轨外连接 / 所有锁销、螺母已经正确锁紧。

常见问题 3：顶驱导轨底端至钻台面距离不符合要求

问题描述：顶驱导轨底端至钻台面距离小于 2m。

相关标准：SY/T 6870—2021《石油天然气钻采设备 顶部驱动系统安装、调试与维护》

第 6.3.2 条：导轨底面与钻台的距离应为 2.0~2.8m。

常见问题 4：顶驱齿轮箱和液压油箱油位不符合要求

问题描述：顶驱齿轮箱和液压油箱油位低于正常位置。

相关标准：SY/T 6870—2021《石油天然气钻采设备 顶部驱动系统安装、调试与维护》

第 7.3.4 条：确保油箱有足够的液压油。

常见问题 5：顶驱报警系统异常

问题描述： 顶驱报警系统因设置原因造成异常报警。

相关标准： SY/T 6870—2021《石油天然气钻采设备 顶部驱动系统安装、调试与维护》

第 7.3.1.2 条：调试工作应满足以下功能的有效性：c）报警功能。

常见问题 6：顶驱工控面显示异常

问题描述： 顶驱工控面因系统故障造成显示异常。

相关标准： SY/T 6870—2021《石油天然气钻采设备 顶部驱动系统安装、调试与维护》

第 7.3.3.2 条：h）检查并确认数据传输接口，软件界面正常。

常见问题 7：顶驱互锁功能缺失或失效

> 问题描述：顶驱锁紧系统液控压力低导致互锁功能失效。

> 相关标准：SY/T 6870—2021《石油天然气钻采设备 顶部驱动系统安装、调试与维护》

第 7.3.1.2 条：调试工作应满足以下功能的有效性：b）互锁功能。

7. 钻机绞车

常见问题 1：钻井绞车安全装置失效

> 问题描述：绞车未安装过卷阀。

> 相关标准：SY/T 6586—2020《石油天然气钻采设备 钻机现场安装及检验》

第 6.3.2.3 条：a）过卷阀、防碰开关及刹车系统应灵活、迅速、准确。

常见问题 2： 钻机离合器摩擦片间隙偏大

问题描述： 摩擦片间隙大于 4mm。

相关标准： SY/T 6117—2016《石油钻机和修井机使用与维护》
第 4.5.4.6 条：滚筒上轴向离合器摩擦片的调整间隙为 1～2mm。

常见问题 3： 钻机绞车未安装自动排绳器或固定不牢靠

问题描述： 绞车未安装自动排绳器。

> **问题描述：** 自动排绳器固定螺栓松动。

> **相关标准：** SY/T 5954—2021《开钻前验收项目及要求》

表1：传动系统/6.绞车滚筒排绳器安装正确，固定牢固，大绳没有跳出现象，配件齐全完好。

常见问题 4：钻机绞车护罩缺失或损坏变形

> **问题描述：** 绞车护罩缺失。

> **问题描述：** 绞车护罩损坏变形。

> **相关标准：** Q/SY 08124.2—2018《石油企业现场安全检查规范 第2部分：钻井作业》

表B.1：绞车及安全装置/e）绞车护罩安装齐全紧固，无损坏变形。

常见问题 5： 钻机绞车自动排绳器导向轮卡死

问题描述： 自动排绳器导向轮长期未保养导致卡死。

相关标准： SY/T 5954—2021《开钻前验收项目及要求》

表 1：传动系统 /6. 绞车滚筒排绳器安装正确，固定牢固，大绳没有跳出现象，配件齐全完好。

常见问题 6： 钻机绞车钢丝绳维护保养不到位

问题描述： 绞车钢丝绳有断丝。

相关标准： SY/T 6586—2020《石油天然气钻采设备 钻机现场安装及检验》

第 5.3.7.6 条：钢丝绳应无扭结、压扁、电弧烧伤、锈蚀、变形、松散、断丝等缺陷。

8. 液压站及刹车系统

常见问题 1：液压站油箱油位偏低

问题描述：液压站油箱油面在油标尺刻度范围以下。

相关标准：SY/T 6117—2016《石油钻机和修井机使用与维护》

第 5.10.1 条：a）每班检查液压站各液压泵工作状况应正常，油箱油位应符合要求。

常见问题 2：液压站日常巡检不到位

问题描述：液压站液压管线漏油。

相关标准：SY/T 6586—2020《石油天然气钻采设备 钻机现场安装及检验》

第 5.8.1.4 条：a）所有外接管路内部应清洁、畅通，管路排列整齐，连接牢固，各连接处不得有漏油、漏水、漏气现象。

常见问题 3：盘式刹车工作钳刹车块厚度偏小

▸ **问题描述：** 刹车块厚度小于 12mm。

▸ **相关标准：** Q/SY 08124.2—2018《石油企业现场安全检查规范 第 2 部分：钻井作业》

表 B.1：绞车及安全装置 /q）盘式刹车工作钳刹车块厚度大于 12mm。

常见问题 4：钻机安全钳松刹间隙偏大

▸ **问题描述：** 安全钳松刹间隙大于 0.5mm。

▸ **相关标准：** Q/SY 08124.2—2018《石油企业现场安全检查规范 第 2 部分：钻井作业》

表 B.1：绞车及安全装置 /q）盘式刹车盘与刹车块间隙小于 0.5mm。

常见问题 5：伊顿盘式刹车日常巡检不到位

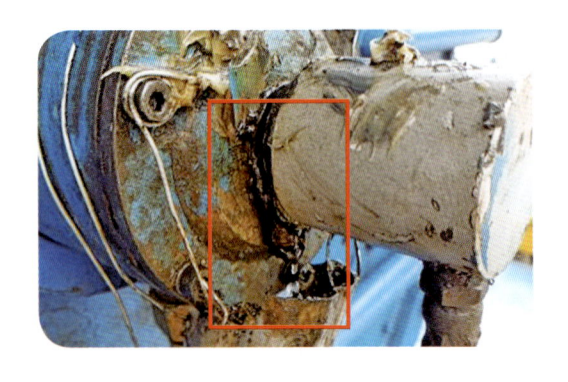

▸ **问题描述**：伊顿盘式刹车进水口和出水口冷却水渗漏。

▸ **相关标准**：Q/SY 08124.2—2018《石油企业现场安全检查规范 第 2 部分：钻井作业》

表 B.1：绞车及安全装置 /s）水刹车离合器摘挂灵活，水位调节阀门控制有效，不漏水。

常见问题 6：钻机绞车滚筒钢丝绳检查不到位

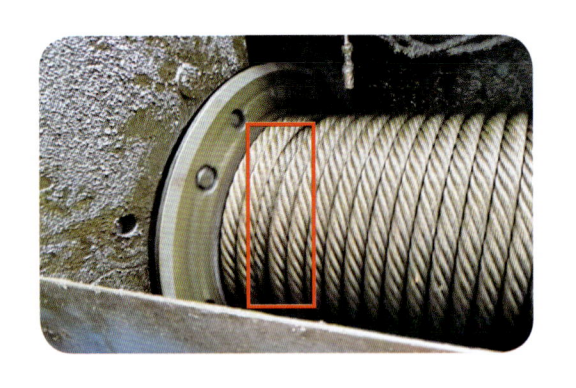

▸ **问题描述**：绞车滚筒排绳不齐。

▸ **相关标准**：SY/T 5532—2016《石油钻井和修井用绞车》

第 7.1.11 条：检查钢丝绳排列是否整齐。

常见问题 7： 刹车系统电源线路老化、破皮，密封不良，不满足防爆要求

问题描述： 刹车系统电源线路老化、破皮。

相关标准： SY/T 5225—2019《石油天然气钻井、开发、储运防火防爆安全生产技术规程》

第 3.2.5 条：f）井场距井口 30m 以内的电气系统，包括电机、开关……各种电动工具等在内的所有电气设备均应符合防爆要求。

9. 液气大钳

常见问题 1： 液气大钳吊绳采用钢丝绳直径偏小

问题描述： 液气大钳吊绳使用 14mm 钢丝绳，应使用直径不小于 16mm 钢丝绳。

相关标准： Q/SY 08124.2—2018《石油企业现场安全检查规范 第 2 部分：钻井作业》

表 B.1：井口工具 /b）液压大钳吊绳直径不小于 16mm，尾绳直径不小于 22mm。

常见问题 2：液气大钳尾绳采用钢丝绳直径偏小

问题描述： 液气大钳钳尾绳使用直径 18mm 钢丝绳。应使用不小于 22mm 的钢丝绳。

相关标准： Q/SY 08124.2—2018《石油企业现场安全检查规范 第 2 部分：钻井作业》

第 7.4.1.10 条：钻井常用钢丝绳：液气大钳吊绳直径不小于 16mm，钳尾绳直径不小于 22mm。

常见问题 3：液气大钳日常管理不到位

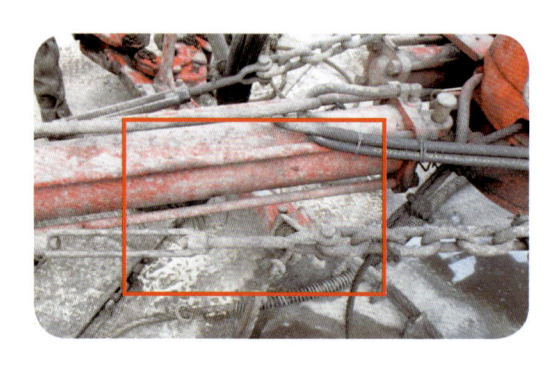

问题描述： 液气大钳移送气缸与固定桩之间未安装保险链。

问题描述： 移送气缸与固定桩连接部位松动。

相关标准： SY/T 5974—2020《钻井井场设备作业安全技术规程》

第 4.3.3.4 条：液气大钳移送气缸应固定牢固并有保险绳。

常见问题 4：液气大钳钳框门栓无防护挡板

▸ **问题描述**：液气大钳无安全门。

▸ **相关标准**：SY/T 5074—2012《钻井和修井动力钳、吊钳》

第 5.2.7 条：开口型动力钳主钳应配有安全门。

常见问题 5：液气大钳操作手柄未设置限位锁定装置

▸ **问题描述**：液气大钳操作手柄无限位锁定装置。

▸ **相关标准**：Q/SY 08124.2—2018《石油企业现场安全检查规范 第 2 部分：钻井作业》

第 7.5.1 条：设备安装结束后，应按各系统的技术要求进行检查，做好设备的试运行与调试工作。

第 7.5.2 条：设备试运转合格后方可投入使用。

常见问题 6：液气大钳旋转部位无护罩或不能完全封闭

> **问题描述**：液气大钳钳头总成与刹带总成处无护罩。

> **相关标准**：SY/T 6586—2020《石油天然气钻采设备 钻机现场安装及检验》

第 5.1.5 条：井场设备设施旋转部件的护罩和安全装置应齐全、完好。

常见问题 7：液气大钳停用时手柄未回至中位，未限位锁定

> **问题描述**：液压大钳停用后，移送液缸手柄未回至中位。

> **相关标准**：Q/SY 08124.2—2018《石油企业现场安全检查规范 第 2 部分：钻井作业》

第 7.5.1 条：设备安装结束后，应按各系统的技术要求进行检查，做好设备的试运行与调试工作。

第 7.5.2 条：设备试运转合格后方可投入使用。

10. 井口工具

常见问题 1： B 型钳钳尾绳固定不规范

问题描述： B 型钳钳尾绳固定不牢靠。

相关标准： Q/SY 08124.2—2018《石油企业现场安全检查规范 第 2 部分：钻井作业》

表 B.1：井口工具 /a）B 型钳、液压大钳尾绳固定牢固。

常见问题 2： B 型钳钳尾绳扭结、弯折

问题描述： B 型钳钳尾绳打扭。

相关标准： SY/T 6117—2016《石油钻机和修井机使用与维护》

第 4.5.16.6 条：使用过程中应随时检查大钳吊绳和尾绳的可靠性。

常见问题 3：B 型钳钳尾绳出现断丝而继续使用

问题描述： B 型钳钳尾绳有六根断丝。

相关标准： Q/SY 02013—2016《石油钻机钢丝绳索具配套与使用规范》

第 5.4 条：当钢丝绳索具发现下列情况之一应报废：a）环眼（即索扣、绳环、琵琶扣）部位断丝数四根及以上；b）一个捻距内钢丝绳断丝数六根及以上；c）股断裂；d）钢丝绳直径相对于公称直径减小量达到 10%。

常见问题 4：B 型钳钳尾绳严重锈蚀

问题描述： B 型钳钳尾绳锈蚀严重，除锈后发现直径减少 12%。

相关标准： Q/SY 02013—2016《石油钻机钢丝绳索具配套与使用规范》

第 5.4 条：当钢丝绳索具发现下列情况之一应报废：i）钢丝绳严重锈蚀，锈蚀清除后，钢丝绳直径减少 8%。

常见问题 5：卡瓦钳牙损坏或缺失

问题描述： 钻台偏房内放置的卡瓦钳牙损坏。

相关标准： Q/SY 08124.2—2018《石油企业现场安全检查规范 第2部分：钻井作业》

表 B.1：井口工具 /i）卡瓦、安全卡瓦销子、卡瓦牙板、保险链齐全紧固，灵活好用，钳牙完好紧固。

常见问题 6：安全卡瓦销子缺失或松动

问题描述： 钻台偏房放置的安全卡瓦销子缺失。

相关标准： SY/T 7668—2022《石油钻井安全监督规范》

表 1：井口工具 /h. 卡瓦、安全卡瓦销子、卡瓦牙板、保险链齐全紧固，灵活好用，钳牙完好紧固。

常见问题 7：安全卡瓦钳牙损坏或缺失

▸ **问题描述**：钻台偏房放置的一副安全卡瓦卡瓦牙缺失。

▸ **相关标准**：SY/T 7668—2022《石油钻井安全监督规范》

表1：井口工具/h.卡瓦、安全卡瓦销子、卡瓦牙板、保险链齐全紧固，灵活好用，钳牙完好紧固。

常见问题 8：吊卡活门弹簧失效

▸ **问题描述**：钻台放置的吊卡活门弹簧因长期未保养，导致功能失效。

▸ **相关标准**：SY/T 7668—2022《石油钻井安全监督规范》

表1：井口工具/e.吊卡活门、弹簧、保险销工作灵活。

常见问题 9：吊卡保险销卡死或失效

问题描述： 钻台放置的吊卡保险销因未活动保养导致卡死。

相关标准： SY/T 7668—2022《石油钻井安全监督规范》

表1：井口工具 /e. 吊卡活门、弹簧、保险销工作灵活。

11. 钻台其他设施

常见问题 1：坡道大门安全防护措施未落实

问题描述： 修井钻台大门坡道未挂安全防护链。

相关标准： Q/SY 08124.2—2018《石油企业现场安全检查规范 第2部分：钻井作业》

表B.1：井架及底座 /i) 钻台护栏齐全，下方安装挡脚板，缺口部位加防护链。

常见问题 2：钻台逃生滑道口有杂物阻挡

问题描述： 钻台逃生滑道出口被清洁生产岩屑罐阻挡。

相关标准： SY/T 5974—2020《钻井井场设备作业安全技术规程》

第 4.3.8.5 条：逃生滑道应符合以下要求：a）钻台逃生滑道出口处应设置缓冲沙堆或缓冲设施，周边无障碍物。

常见问题 3：钻台逃生滑道内有杂物

问题描述： 钻台逃生滑道内杂物未清理。

相关标准： SY/T 5974—2020《钻井井场设备作业安全技术规程》

第 4.3.8.5 条：逃生滑道应符合以下要求：b）钻台逃生滑道内应清洁无阻，逃生滑道上端应安装一道安全链。

常见问题 4：逃生滑道入口处安全防护措施未落实

问题描述：逃生滑道入口处未挂安全链。

相关标准：SY/T 5974—2020《钻井井场设备作业安全技术规程》

第 4.3.8.5 条：逃生滑道应符合以下要求：b）钻台逃生滑道内应清洁无阻，逃生滑道上端应安装一道安全链。

常见问题 5：钻台逃生滑道出口处安全防护措施未落实

问题描述：钻台逃生滑道出口处未设置缓冲沙堆。

相关标准：Q/SY 08124.2—2018《石油企业现场安全检查规范 第 2 部分：钻井作业》

第 6.5.1.3 条：钻台应安装紧急滑梯至地面，下端设置缓冲垫或缓冲沙土，距着地点前方 5m 范围内无障碍物。

常见问题 6：钻机基础出现塌陷、开裂

问题描述：井场方井基础开裂。

相关标准：SY/T 5972—2021《钻机基础技术规范》

第 10.2 条：预制基础表层宜采用防水材料进行封闭，设置良好的排水系统，避免雨水渗入、浸泡基础底部，造成基础不均匀沉降或滑移。

常见问题 7：司钻操作房正压式防爆未开启或失效

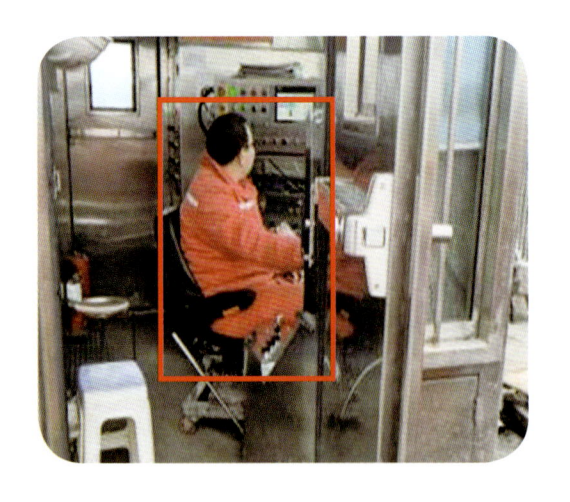

问题描述：司钻操作房内顶驱控制柜未接正压式防爆气源。

相关标准：Q/SY 08124.2—2018《石油企业现场安全检查规范 第 2 部分：钻井作业》

表 B.1：2. 司钻操作台、钻井仪表 /c）电动钻机司钻操作台应防爆。

常见问题 8：设备设施未定期校验

问题描述：钻台司钻控制房内指重表到期未校验。

相关标准：SY/T 7075—2016《石油钻修井指重表校准方法》

第 10 章：指重表校准时间间隔应根据实际使用情况确定，建议不超过 12 个月。

常见问题 9：进入油气层后钻台使用非防爆电器

问题描述：钻台某员工使用非防爆电器进行作业。

相关标准：SY/T 5225—2019《石油天然气钻井、开发、储运防火防爆安全生产技术规程》

第 3.2.5 条：井场距井口 30m 以内的电气系统，包括电机、开关、照明灯具、仪器仪表、电气线路及接插件、各种电动工具等在内的所有电气设备均应符合防爆要求。

12. 钻井泵

常见问题 1：钻井泵传动皮带存在破损

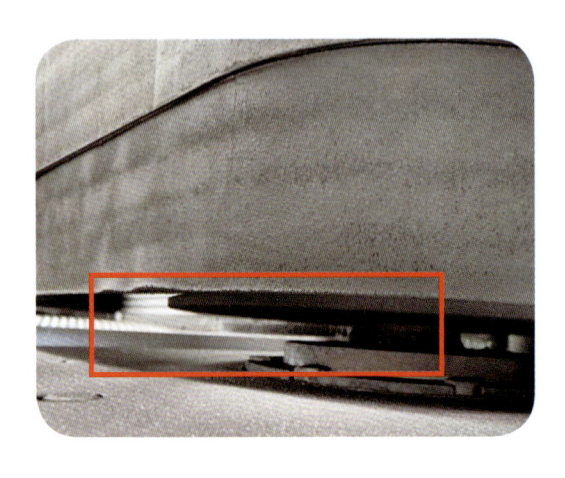

问题描述：泵房 3 号钻井泵传动皮带存在破损。

相关标准：SY/T 5954—2021《开钻前验收项目及要求》

第 6.1.1 条：所有设备应按规定的位置摆放，并按规定的程序安装，做到"平、稳、正、全、牢"，无跑冒滴漏。

常见问题 2：安全防护设施存在缺陷

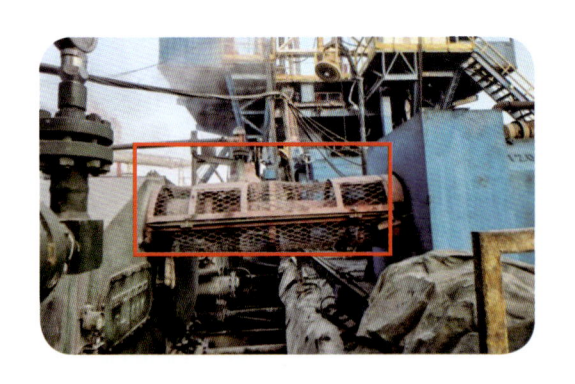

问题描述：泵房 2 号钻井泵护罩变形。

相关标准：SY/T 5954—2021《开钻前验收项目及要求》

第 6.1.2 条：设备部件、附件、安全装置、护罩应齐全、完好，不得缺失、变形，且固定牢靠。

第三章 安全管理

常见问题 3：安全防护设施存在缺陷

问题描述：泵房 3 号钻井泵旋转部分护罩缺失。

相关标准：SY/T 5954—2021《开钻前验收项目及要求》

第 6.1.2 条：设备部件、附件、安全装置、护罩应齐全、完好，不得缺失、变形，且固定牢靠。

常见问题 4：设备设施缺陷

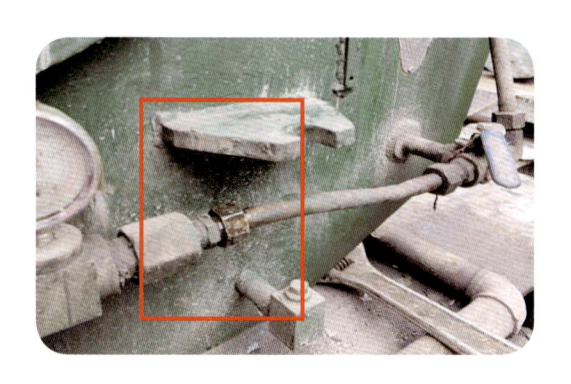

问题描述：钻井泵管线漏油。

相关标准：SY/T 7088—2016《钻井泵的安装、使用及维护》

第 8.5.8 条：润滑管线、喷淋管线应畅通无压折、连接处无渗漏。

常见问题 5：喷淋泵冷却水管线刺漏

问题描述：泵房 1 号钻井泵喷淋泵冷却水管线刺漏。

相关标准：SY/T 7668—2022《石油钻井安全监督规范》

表 B.14：泵房设备 / 钻井泵 /d）喷淋泵应润滑良好，不刺不漏。

常见问题 6：钻井泵日常巡检不到位

问题描述：泵房 3 号钻井泵运转过程中，排出压力不上压。

相关标准：SY/T 7088—2016《钻井泵的安装、使用及维护》

第 6.4.2 条：钻井泵运转过程中，应经常观察排出压力，如不上压或超压，应及时停泵检修。

常见问题 7：钻井泵耐震压力表安装方向不便于观察

问题描述：钻井泵耐震压力表安装方向偏向机房方向，不便于观察。

相关标准：SY/T 5954—2021《开钻前验收项目及要求》

第 6.1.1 条：所有设备应按规定的位置摆放，并按规定的程序安装，做到"平、稳、正、全、牢"，无跑冒滴漏。

常见问题 8：钻井泵高压软管线鼓包渗漏

问题描述：泵房 2 号钻井泵高压管线鼓包、刺漏。

相关标准：SY/T 7668—2022《石油钻井安全监督规范》

表 B.14：高压管汇固定牢固平衡，高压管汇不刺、不漏。

常见问题 9：钻井泵高压软管线管理不规范

问题描述： 钻井泵高压软管线未安装安全链。

相关标准： SY/T 7088—2016《钻井泵的安装、使用及维护》

第 5.6.3.2 条：高压软管活接头两端应有安全链或安全绳。

第 5.6.3.3 条：排出管线应支撑牢固。

常见问题 10：钻井泵高压软管线支撑不牢靠

问题描述： 钻井泵高压软管线固定螺栓松动。

相关标准： SY/T 7088—2016《钻井泵的安装、使用及维护》

第 5.6.3.3 条：排出管线应支撑牢固。

常见问题 11：钻井泵安全阀未定期检查、保养

> **问题描述：** 泵房 2 号钻井泵安全阀锈蚀未进行保养。

> **相关标准：** Q/SY 08124.2—2018《石油企业现场安全检查规范 第 2 部分：钻井作业》

表 B.14：泵房设备 / 钻井泵安全阀 /b）钻井泵安全阀定期检查、保养，做好保养记录。

常见问题 12：钻井泵安全阀穿销压力与实际泵压不匹配

> **问题描述：** 泵房 2 号钻井泵安全阀未按定压标识牌压力穿销。

> **相关标准：** Q/SY 08124.2—2018《石油企业现场安全检查规范 第 2 部分：钻井作业》

表 B.14：泵房设备 / 钻井泵安全阀 /b）钻井泵安全阀按规定选用安全销。

常见问题 13：钻井泵安全阀使用其他物品代替安全销

问题描述：钻井泵安全阀使用铁丝代替安全销。

相关标准：Q/SY 08124.2—2018《石油企业现场安全检查规范 第 2 部分：钻井作业》

表 B.14：泵房设备 / 钻井泵安全阀 /b）钻井泵安全阀按规定选用安全销。

常见问题 14：钻井泵安全阀未挂牌标识

问题描述：钻井泵安全阀未张贴定压标识牌。

相关标准：GB/T 32338—2015《石油天然气工业 钻井和修井设备 钻井泵》

第 9.1 条：标志要求钻井泵的活塞杆、缸套、液缸、排出空气包和排出安全阀，应在其合适的表面做标志。

常见问题 15：钻井泵安全阀定压标识牌缺失

问题描述： 修井队钻井泵安全阀定压牌缺失。

相关标准： GB/T 32338—2015《石油天然气工业 钻井和修井设备 钻井泵》

第 9.1 条：钻井泵的活塞杆、缸套、液缸、排出空气包和排出安全阀，应在其合适的表面做标志。

常见问题 16：钻井泵安全阀定压标识牌填写不正确

问题描述： 钻井泵安全阀实际额定工作压力 25.8MPa，标识牌填写 23.1MPa。

相关标准： SY/T 5974—2020《钻井井场设备作业安全技术规程》

第 3.2.5 条：钻台、油罐区、机房、泵房、钻井液助剂储存场所、净化系统、远程控制系统、电气设备等处应有明显的安全标志。

常见问题 17：钻井泵空气包充气压力偏低或偏高

问题描述： 充气压力不在泵工作压力的 20%～30% 区间。

相关标准： Q/SY 08124.2—2018《石油企业现场安全检查规范 第 2 部分：钻井作业》

第 7.4.1.8 条：钻井泵预压空气包应充氮气或压缩空气，充气压力值为工作压力的 20%～30%，但不应大于 6MPa，低于 2.5MPa 时即应补充压力。

常见问题 18：钻井泵安全阀泄压管出口两端未采取保险措施

问题描述： 未安装保险绳。

相关标准： SY/T 5974—2020《钻井井场设备作业安全技术规程》

第 4.6.1.5 条：钻井泵安全阀泄压管其出口应通往钻井液池或钻井液罐，出口弯管角度应大于 120°，两端应采取保险措施。

13. 机房

常见问题 1： 柴油机故障

▸ **问题描述：** 柴油机自动控制装置损坏。

▸ **相关标准：** Q/SY 08124.2—2018《石油企业现场安全检查规范 第 2 部分：钻井作业》

表 B.15：机房及传动装置 / 柴油机 /c）自动控制装置完好。

常见问题 2： 柴油机底座搭扣及连接螺栓缺失

▸ **问题描述：** 机房 1 号柴油机底座搭扣连接螺栓缺失。

▸ **相关标准：** Q/SY 08124.2—2018《石油企业现场安全检查规范 第 2 部分：钻井作业》

表 B.15：机房及传动装置 / 柴油机 /b）柴油机底座搭扣及连接螺栓齐全，固定螺栓牢固。

常见问题 3：柴油机底座搭扣及连接螺栓松动

问题描述： 柴油机底座搭扣及连接螺栓松动。

相关标准： Q/SY 08124.2—2018《石油企业现场安全检查规范　第 2 部分：钻井作业》

表 B.15：机房及传动装置 / 柴油机 /b）柴油机底座搭扣及连接螺栓齐全，固定螺栓牢固。

常见问题 4：柴油机排气管未安装灭火装置

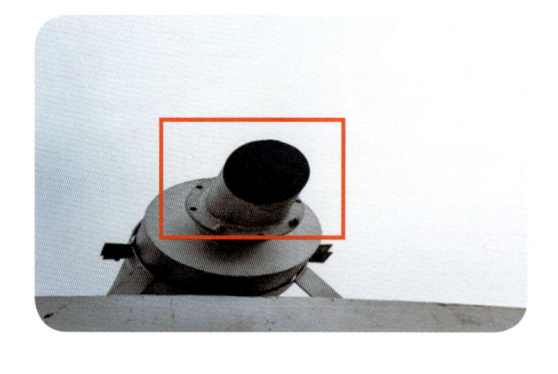

问题描述： 2# 柴油机排气管线未安装灭火装置。

相关标准： Q/SY 08124.2—2018《石油企业现场安全检查规范　第 2 部分：钻井作业》

表 B.15：机房及传动装置 / 柴油机 /e）柴油机排气管安装灭火装置。

常见问题 5：柴油机停用或检维修未挂牌

问题描述：检维修柴油机机房人员未挂警告标识牌。

相关标准：Q/SY 08124.2—2018《石油企业现场安全检查规范 第2部分：钻井作业》

表 B.15：机房及传动装置 / 柴油机 /f）柴油机设备停用或检修时应挂牌。

常见问题 6：机房柴油机油量不符合要求

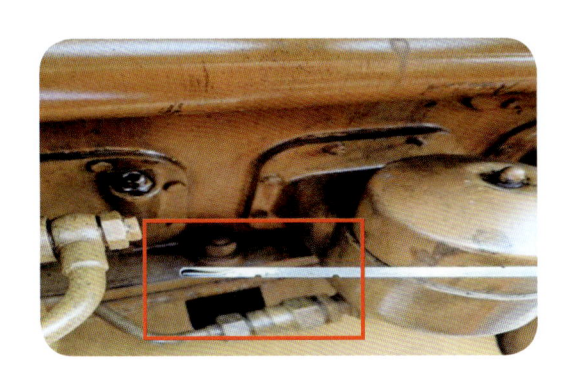

问题描述：柴油机油量低于油标刻度尺范围。

相关标准：Q/SY 08124.2—2018《石油企业现场安全检查规范 第2部分：钻井作业》

表 B.15：机房及传动装置 / 柴油机及传动装置 /a）油量在油标尺刻度范围内。

常见问题 7：柴油机日常巡检不到位

> 问题描述：机房柴油机油管线渗油。

> 相关标准：Q/SY 08124.2—2018《石油企业现场安全检查规范 第 2 部分：钻井作业》

表 B.15：机房及传动装置/柴油机及传动装置/b）油、气、水无渗漏。

常见问题 8：机房柴油机远程监管手段缺失

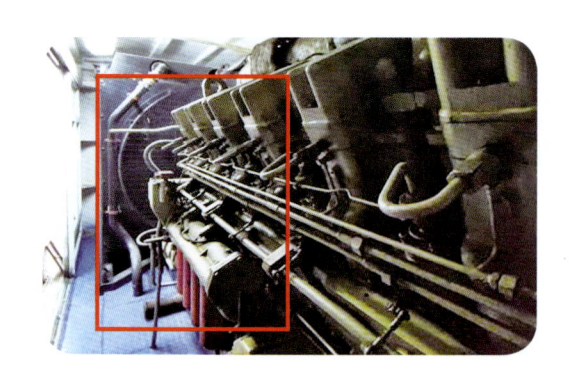

> 问题描述：机房柴油机未安装监控装置。

> 相关标准：SY/T 5030—2020《石油天然气钻采设备 柴油机》

第 6.9.2 条：柴油机应配备为保证正常运行所必须的监控装置。

常见问题 9：柴油机仪表损坏

> 问题描述：机房柴油机仪表表盘玻璃破损。

> 相关标准：Q/SY 08124.2—2018《石油企业现场安全检查规范 第 2 部分：钻井作业》
> 表 B.15：机房及传动装置/柴油机及传动装置/c）仪表齐全，工作正常。

常见问题 10：柴油机冷却水加热装置管线漏水

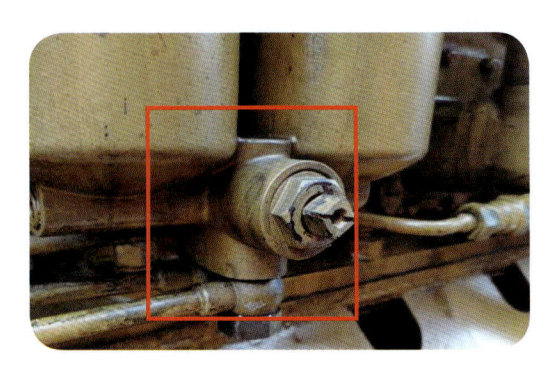

> 问题描述：柴油机冷却水加热装置管线漏水。

> 相关标准：Q/SY 08124.2—2018《石油企业现场安全检查规范 第 2 部分：钻井作业》
> 表 B.15：机房及传动装置/柴油机及传动装置/b）油、气、水无渗漏。

常见问题 11：柴油机旋转部位安全防护措施缺失

问题描述： 机房柴油机旋转部位未安装护罩。

相关标准： Q/SY 08124.2—2018《石油企业现场安全检查规范 第 2 部分：钻井作业》

表 B.15：机房及传动装置／其他／a）各传动部位护罩应齐全完好、固定牢固。

常见问题 12：配电柜控制开关无统一规范控制对象标识

问题描述： 机房配电柜开关未标识控制对象。

相关标准： GB 50303—2015《建筑电气工程施工质量验收规范》

第 5.2.6.4 条：器件应标明被控设备编号及名称或操作位置，且清晰工整、不易脱落。

常见问题 13： 机房底座有杂物未清理

问题描述： 机房底座油污积水未清理。

相关标准： Q/SY 08124.2—2018《石油企业现场安全检查规范 第 2 部分：钻井作业》

表 B.15：机房及传动装置 / 其他 /e）机房四周排水沟畅通，底座下无油污，无积水。

14. 循环系统

常见问题 1： 循环罐搅拌器接地线断裂

问题描述： 3 号循环罐 7 号搅拌器接地线断裂。

相关标准： Q/SY 08124.2—2018《石油企业现场安全检查规范 第 2 部分：钻井作业》

第 7.4.3.2 条：井场电气设备及金属结构房采取接零或接地保护措施。

常见问题 2：循环罐搅拌器故障未及时发现

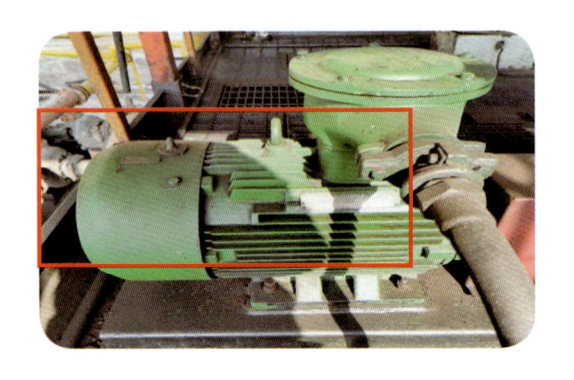

问题描述：循环罐搅拌器运行时有异响。

相关标准：SY/T 5612—2018《石油天然气钻采设备 钻井液固相控制设备规范》

第 5.9.1.3 条：搅拌器连续运转 2h 以后，有关部位应符合以下要求：e）运转过程中，各部位运转应平稳，无异常振动及噪声。

常见问题 3：储备罐搅拌器防护罩旋转方向标识缺失

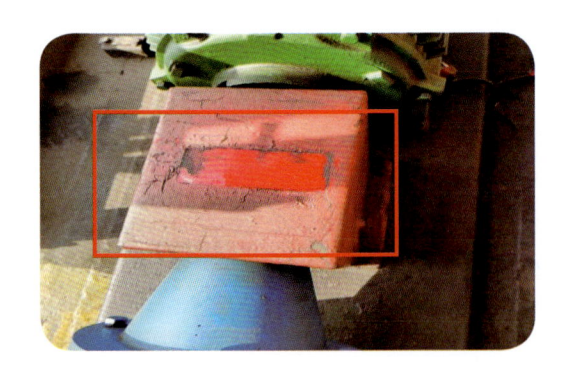

问题描述：1 号储备罐 3 号搅拌器未标识旋转方向。

相关标准：SY/T 5612—2018《石油天然气钻采设备 钻井液固相控制设备规范》

第 5.9.3 条：搅拌器外露旋转部件应有防护罩且转向正确。

第三章 安全管理

常见问题 4：循环罐搅拌器电机接地保护不到位

问题描述： 6号循环罐8号搅拌器电机未安装接地保护。

相关标准： Q/SY 08124.2—2018《石油企业现场安全检查规范 第2部分：钻井作业》

第7.4.3.2条：井场电气设备及金属结构房采取接零或接地保护措施。

常见问题 5：储备罐搅拌器固定不牢

问题描述： 2号储备罐5号搅拌器固定螺栓松动。

相关标准： SY/T 6871—2020《石油天然气钻采设备 钻井液固相控制设备安装、使用、维护和保养》

第3.2条：固控设备应固定在循环罐罐顶或橇座的结构梁上，确保安装固定牢固可靠。

常见问题 6：循环罐搅拌器变速箱漏油

问题描述： 2号循环罐4号搅拌器变速箱固定螺纹未上紧漏油。

相关标准： SY/T 5612—2018《石油天然气钻采设备 钻井液固相控制设备规范》

第 5.9.1.3 条：搅拌器连续运转 2h 以后，有关部位应符合以下要求：d）各密封处及结合处不允许有渗漏现象。

常见问题 7：循环罐搅拌器开关盒固定螺栓缺失

问题描述： 3号循环罐7号搅拌器开关盒固定螺栓缺失。

相关标准： GB 50257—2014《电气装置安装工程 爆炸和火灾危险环境电气装置施工及验收规范》

第 4.2.1.4 条：接合面的紧固螺栓应齐全，弹簧垫圈等防松设施应齐全完好。

常见问题 8：循环罐搅拌器电源线连接不规范

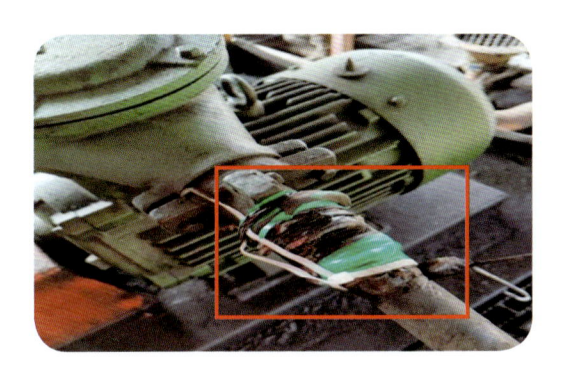

问题描述： 1 号循环罐 3 号搅拌器电源线绝缘层破损，使用胶布缠绕。

相关标准： SY/T 6871—2020《石油天然气钻采设备 钻井液固相控制设备安装、使用、维护和保养》

第 3.8 条：检查电缆完好无损。

第 3.9 条：设备应定期保养，并根据使用情况及时维护。

15. 清洁化设备设施

常见问题 1：清洁化生产场所应急设施配置不齐

问题描述： 清洁化生产场所未配置洗眼器。

相关标准： Q/SY 08124.2—2018《石油企业现场安全检查规范 第 2 部分：钻井作业》

第 6.5.1.10 条：振动筛、循环罐和钻台处应配置洗眼器。

常见问题 2：清洁化岩屑传输装置安全设施缺失

▶ **问题描述**：清洁化岩屑传输装置盖板缺失。

▶ **相关标准**：Q/SY 08124.2—2018《石油企业现场安全检查规范 第 2 部分：钻井作业》

第 6.5.1.7 条：运转机械（传动皮带、链条、风扇、齿轮、轴）应安装防护罩。

常见问题 3：清洁化使用长杆泵安全措施未落实

▶ **问题描述**：清洁化长杆泵未接地。

▶ **相关标准**：GB 50194—2014《建设工程施工现场供用电安全规范》

第 1.0.3 条：施工现场供用电应符合下列原则：施工现场供用电设施和电动机具应符合国家现行有关标准的规定，线路绝缘应良好。

常见问题 4：清洁化生产服务方储备罐栏杆变形严重

▶ **问题描述**：清洁化生产服务方储备罐栏杆变形严重。

▶ **相关标准**：Q/SY 08124.2—2018《石油企业现场安全检查规范 第 2 部分：钻井作业》

第 6.5.1.6 条：天车、井架、二层台、钻台、机房、泵房、循环系统、钻井液储备罐的护栏和梯子应齐全牢固，扶手光滑，坡度适当。

常见问题 5：电控箱防爆措施未落实

▶ **问题描述**：清洁化压滤机电控箱进线口未用防爆胶泥堵塞。

▶ **相关标准**：GB 50257—2014《电气装置安装工程 爆炸和火灾危险环境电气装置施工及验收规范》

第 4.1.4 条：防爆电气设备的进线口与电缆、导线引入连接后，应保持电缆引入装置的完整性和弹性密封圈的密封性，并应将压紧元件用工具拧紧且进线口应保持密封紧固密封良好。

第 5.2.3.1 条：电缆外护套应被弹性密封圈挤紧或被密封填料封固。

常见问题 6：电源线连接不规范

问题描述：清洁化压滤机电控箱电源线对接不防爆。

相关标准：GB 50058—2014《爆炸危险环境电力装置设计规范》

第 3.1.1 条：在生产、加工、处理、转运或贮存过程中出现或可能出现爆炸性气体混合物环境，应进行爆炸性气体环境的电力装置设计与安装。

常见问题 7：清洁化生产岩屑雨棚存在严重安全隐患

问题描述：清洁化生产岩屑雨棚承重主梁柱断裂。

相关标准：SY/T 6586—2020《石油天然气钻采设备 钻机现场安装及检验》

第 5.1.2 条：井场设备设施安装应做到平、稳、正、全、牢、灵、通，不漏油、水、气、电、钻井液。

常见问题 8： 清洁化防雨棚立柱变形

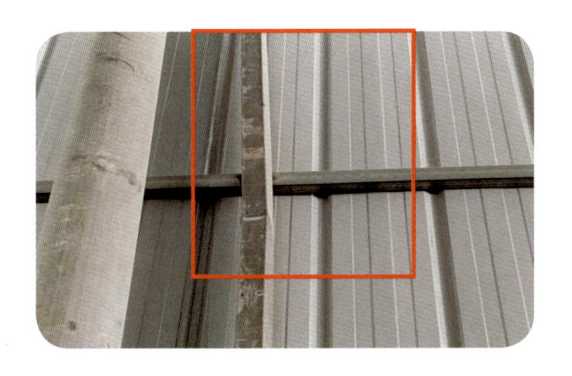

问题描述： 清洁化防雨棚立柱因遭受叉车撞击导致变形。

相关标准： SY/T 6586—2020《石油天然气钻采设备 钻机现场安装及检验》

第 5.1.2 条：井场设备设施安装应做到平、稳、正、全、牢、灵、通，不漏油、水、气、电、钻井液。

常见问题 9： 清洁化绞龙电机护罩未固定

问题描述： 清洁化绞龙电机护罩固定螺栓缺失。

相关标准： GB 50275—2010《风机、压缩机、泵安装工程施工及验收规范》

第 4.1.4 条：联轴器应设置护罩，护罩应能罩住联轴器的所有旋转零件。

常见问题 10：清洁化配电柜接线不规范

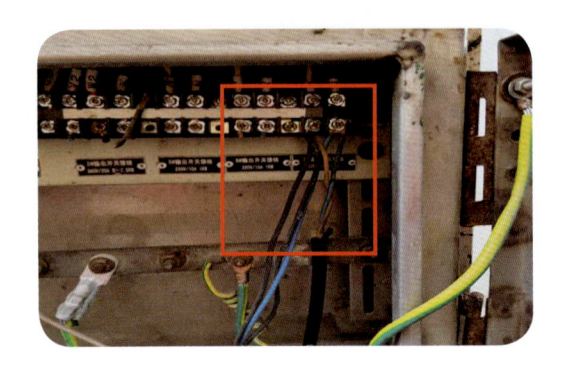

问题描述：配电柜一闸多机。

相关标准：《中国石油天然气集团有限公司作业许可安全管理办法》（质安〔2022〕22 号）

第一百三十九条：临时用电设施应当做到"一机一闸一保护"，开关箱和移动式、手持式电动工具应当安装符合规范要求的漏电保护器。每次使用前应检查电气装置和保护设施的可靠性。

16. 录井设备设施

常见问题 1：录井房顶防坠落钢丝绳固定不规范

问题描述：录井房顶防坠落钢丝绳未穿绕安装。

相关标准：SY/T 6666—2017《石油天然气工业用钢丝绳的选用和维护的推荐作法》

第 3.2.6 条：安装新钢丝绳时，钢丝绳不应打扭。如果出现打扭应在固定钢丝绳之前将打扭现象消除。

常见问题 2： 钻台立管处录井无线传感器电缆摆放不规范

问题描述： 钻台立管处录井无线传感器电缆未固定。

相关标准： SY/T 6348—2019《陆上石油天然气录井作业安全规程》

第 5.5.1 条：传感器应固定牢靠，整齐排线。

常见问题 3： 录井化学试剂柜管理不规范

问题描述： 录井化学试剂柜使用后未锁。

相关标准： SY/T 7668—2022《石油钻井安全监督规范》

表 B1：18.录井设备/地质房/a）有毒有害化学药品分类存储，专人专柜上锁保管。

常见问题 4：录井房逃生门堵塞，应急通道不畅通

问题描述：录井房逃生门堵塞。

相关标准：SY/T 7668—2022《石油钻井安全监督规范》
表 B1：18.录井设备/仪器房/c）安全门灵活，疏散通道通畅。

常见问题 5：录井房接地桩埋深不满足要求

问题描述：录井房接地桩埋深不足 0.3m。

相关标准：SY/T 7668—2022《石油钻井安全监督规范》
表 B1：18.录井设备/仪器房/房体按要求接地。

常见问题 6：录井房可燃气体探测报警器压盖未紧固

问题描述：录井房可燃气体探测报警器压盖四颗螺栓未紧固。

相关标准：GB 50257—2014《电气装置安装工程 爆炸和火灾危险环境电气装置施工及验收规范》

第 4.2.1.4 条：接合面的紧固螺栓应齐全，弹簧垫圈等防松设施应齐全完好。

常见问题 7：录井远程传输设备故障

问题描述：录井远程传输设备故障，未及时检修。

相关标准：Q/SY 02555—2017《井场录井资料远程传输技术规范》

第 4.1.1 条：录井队的远程传输设备应依据作业区域通信状况与生产需要配备，技术配置以满足传输要求为准。

17. 定向井设备设施

常见问题 1：定向仪器本体冲蚀严重

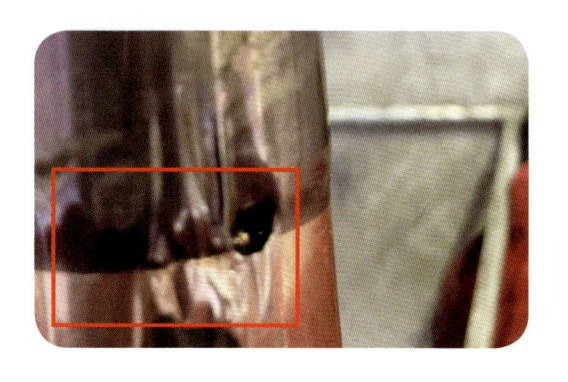

> **问题描述**：定向仪器本体冲蚀有小洞。

相关标准：Q/SY 01066—2020《石油钻井井身质量技术监督及验收规范》
　　第 4.2.2 条：所有下井工具应经检验合格，并有有效的检验项目合格证。

常见问题 2：定向井入井工具质量缺陷

> **问题描述**：定向井入井工具质量差、钻井液冲蚀造成断裂。

相关标准：Q/SY 01066—2020《石油钻井井身质量技术监督及验收规范》
　　第 4.2.2 条：所有下井工具应经检验合格，并有有效的检验项目合格证。

18. 电气设备设施

常见问题 1： 清洁生产电控箱未设置安全标识

问题描述： 电控箱未设置"有电危险"标识。

相关标准： SY/T 5974—2020《钻井井场设备作业安全技术规程》

第 3.2.5 条：钻台、油罐区、机房、泵房、钻井液助剂储存场所、净化系统、远程控制系统、电气设备等处应有明显的安全标志。

常见问题 2： 机房配电箱电线连接不规范

问题描述： 机房配电箱电线头裸露未包扎。

相关标准： Q/SY 08124.2—2018《石油企业现场安全检查规范 第 2 部分：钻井作业》

表 B.1：7.电气设备/场地供电/c）电气设施进出线无破损、松动、发热。

127

常见问题 3：电源线受损，存在触电风险

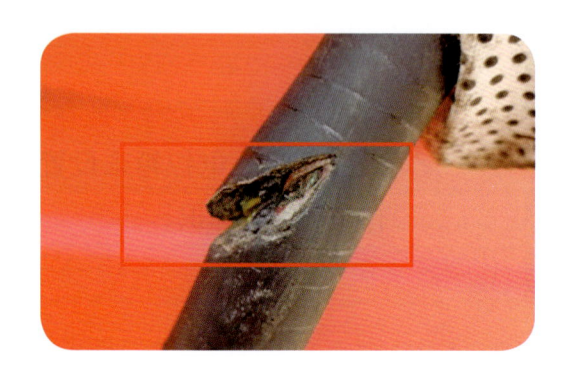

▷ **问题描述：** 电源线外绝缘胶皮破损，铜丝裸露。

▷ **相关标准：** Q/SY 08124.2—2018《石油企业现场安全检查规范 第 2 部分：钻井作业》

表 B.1：7. 电气设备 / 场地供电 /c）电气设施进出线无破损、松动、发热。

常见问题 4：振动筛故障

▷ **问题描述：** 1 号振动筛电机损坏，导致振动筛无法正常工作。

▷ **相关标准：** Q/SY 08124.2—2018《石油企业现场安全检查规范 第 2 部分：钻井作业》

表 B.13：循环系统 / 振动筛 /a）振动筛安装牢固，润滑良好，工作正常，不外溢钻井液，筛网选用、安装正确。

常见问题 5：配电柜安装不规范

问题描述：配电柜地面未铺设绝缘胶垫。

相关标准：SY/T 6202—2013《钻井井场油、水、电及供暖系统安装技术要求》

第 6.2.3 条：c）配电柜前端应设置绝缘胶垫，面积大于 $1m^2$。

常见问题 6：应急发电机电瓶未定期检查

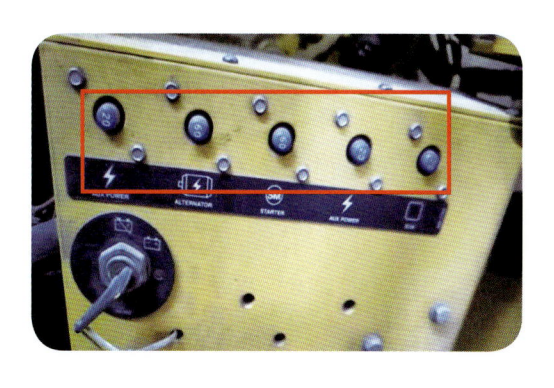

问题描述：应急发电机电瓶未充电，无法启动（打开开关后无反应）。

相关标准：Q/SY 02781—2023《石油钻机电代油技术改造规范》

第 5.3.1.3 条：网电可靠性不高的地区，重点探井或边远开发井应备用应急发电机组。在应急发电机房或移动变电站内安装电源切换柜，确保网电断电后应急发电机能迅速为工作机提供动力。

常见问题 7： 井场漏电保护开关均未定期检查

> **问题描述：** 井场漏电保护开关均未月检，无月检标识。

> **相关标准：** Q/SY 08124.2—2018《石油企业现场安全检查规范 第 2 部分：钻井作业》

第 6.5.1.13 条：井场及营地野营房内应安装漏电保护器和烟雾报警器，定期检查，灵敏好用。

常见问题 8： 机房电源插头不防爆

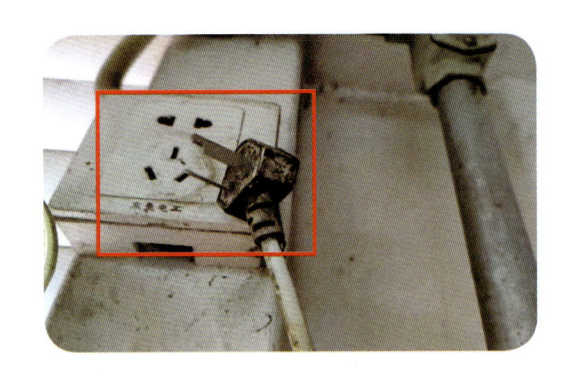

> **问题描述：** 机房应急照明灯使用的是普通插座。

> **相关标准：** SY/T 5225—2019《石油天然气钻井、开发、储运防火防爆安全生产技术规程》

第 3.2.5 条：f）井场距井口 30m 以内的电气系统，包括电机、开关……各种电动工具等在内的所有电气设备均应符合防爆要求。

常见问题 9： 电缆与角铁接触部位未做防磨措施

问题描述：机房电源线经过角铁位置未穿管保护。

相关标准：SY/T 6502—2013《钻井井场油、水、电及供暖系统安装技术要求》

第 6.3.5 条：电缆线应有防止金属摩擦的保护措施。

常见问题 10： 电气设施进出线存在破损、松动

问题描述：钻井泵电机进线固定松动。

相关标准：Q/SY 08124.2—2018《石油企业现场安全检查规范 第 2 部分：钻井作业》

表 B.1：7. 电气设备 / 场地供电 /c）电气设施进出线无破损、松动、发热。

常见问题 11： 钻井液循环系统、泵房等处电缆线保护不当

> **问题描述：** 循环罐灯线用铁丝捆绑。

> **相关标准：** SY/T 6502—2013《钻井井场油、水、电及供暖系统安装技术要求》

第 6.3.5 条：电缆线应有防止金属摩擦的保护措施。

19. 其他设备设施

常见问题 1： 氧气瓶、乙炔气瓶存放不符合要求

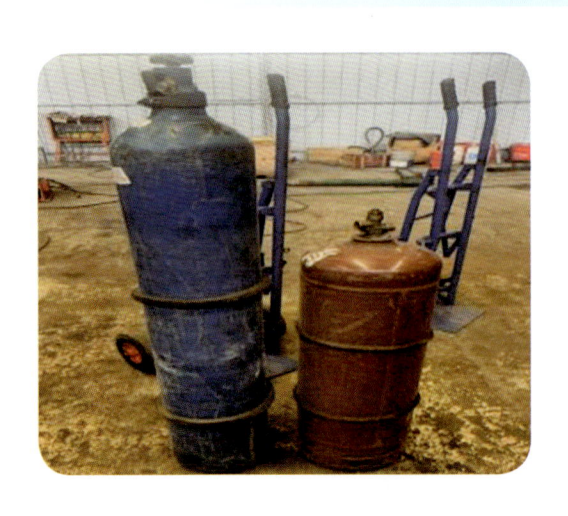

> **问题描述：** 氧气瓶、乙炔气瓶未分库存放。

> **问题描述**：乙炔气瓶存放未使用专用支架。

> **问题描述**：乙炔气瓶在阳光下曝晒。

相关标准：Q/SY 08124.2—2018《石油企业现场安全检查规范 第 2 部分：钻井作业》

表 B.1：9. 其他 / 氧气瓶、乙炔气瓶 /a）氧气瓶、乙炔气瓶应分库存放在专用支架上，阴凉通风，不应曝晒，应有安全帽和防震圈。

常见问题 2：氧气瓶、乙炔气瓶安全措施缺失

> **问题描述**：乙炔气瓶防震圈缺失。

相关标准：Q/SY 08124.2—2018《石油企业现场安全检查规范 第 2 部分：钻井作业》

表 B.1：9. 其他 / 氧气瓶、乙炔气瓶 /a）氧气瓶、乙炔气瓶应分库存放在专用支架上，阴凉通风，不应曝晒，应有安全帽和防震圈。

常见问题 3：污水池未设置围栏圈闭、未设置警示牌

问题描述： 应急池无救生设备、警示标识。

相关标准： SY/T 5954—2021《开钻前验收项目及要求》

第 10.2.1 条：井场安全标志齐全。

常见问题 4：井场入口、钻台、循环系统等处未设置风向标

问题描述： 钻台未设置风向标。

相关标准： SY/T 5974—2020《钻井井场设备作业安全技术规程》

第 3.2.5 条：井场入口、钻台、循环系统等处应设置风向标，井场安全通道畅通。

常见问题 5：修井机轮胎破损，气压不足

问题描述：修井机轮胎破损，气压不足。

相关标准：《井下车辆使用、维修管理办法》

7.所有车辆入井必须符合车辆完好标准，司机必须遵守辅助运输相关规定。

常见问题 6：射孔队空压机防火罩失效

问题描述：射孔队空压机防火罩失效。

相关标准：SY/T 5225—2019《石油天然气钻井、开发、储运防火防爆安全生产技术规程》

第4.1.4条：施工中进出井场的车辆排气管应安装阻火器。施工井场地面裸露的油、气管线及电缆，应采取防止车辆碾压的保护措施。

第三节　特种设备设施

1. 叉车

常见问题 1： 特种设备登记证使用地错误

问题描述： 现场叉车登记证的使用地与现场使用地不一致。

相关标准：《中华人民共和国特种设备安全法》（中华人民共和国主席令2013年第4号）

第三十三条：特种设备使用单位应当在特种设备投入使用前或者投入使用后30d内，向负责特种设备安全监督管理的部门办理使用登记，取得使用登记证书。登记标志应当置于该特种设备的显著位置。

常见问题 2：叉车未按特种设备管理要求进行定期检测

▶ **问题描述**：现场无法提供叉车的检测报告或检测报告已过期。

▶ **相关标准**：TSG 08—2017《特种设备使用管理规则》

第 3.8.2 条：新使用单位应当在投入使用前或者投入使用后 30d 内，持"特种设备使用登记证变更证明"、标有注销标记的原使用登记表和有效期内的定期检验报告，按照本规则 3.4、3.5 要求重新办理使用登记。

常见问题 3：叉车登记证与铭牌不一致

▶ **问题描述**：叉车登记证与铭牌上的设备代码不一致。

▶ **相关标准**：TSG 08—2017《特种设备使用管理规则》

附件 G：起重机械使用单位应当将特种设备使用标志或者使用单位盖章的复印件悬挂或者固定在特种设备显著位置，当无法悬挂或者固定时，可存放在使用单位的安全技术档案中，同时将使用登记证编号标注在特种设备产品铭牌上或者其他可见部位。

常见问题 4：钻试现场超用途使用叉车

> **问题描述：** 现场将叉车当平台使用。

> **相关标准：** TSG 08—2017《特种设备使用管理规则》

第 2.4.4.1 条：严格执行特种设备有关安全管理制度，并且按照操作规程进行操作。

常见问题 5：同一叉车上有两块不同的车牌号码

> **问题描述：** 叉车上两块车牌号码不一致。

> **相关标准：** TSG 81—2022《场（厂）内专用机动车辆安全技术规程》

第 2.1.1 条：叉车应当留有一处安装车牌的位置，观光车辆应当留有安装前后车牌的位置，该位置的尺寸应当符合 TSG 08—2017《特种设备使用管理规则》。

常见问题 6：叉车油门踏板缺失

▶ **问题描述：** 叉车油门踏板损坏缺失。

▶ **相关标准：** TSG 81—2022《场（厂）内专用机动车辆安全技术规程》

第 2.5.4.2 条：用踏板操纵运行和制动控制装置的叉车，应当符合 GB/T 26562—2011《自行式坐驾工业车辆踏板的结构与布置　踏板的结构与布置原则》。

常见问题 7：钻开油气层后叉车防火罩失效

▶ **问题描述：** 叉车安装的防火罩损坏失效。

▶ **相关标准：** Q/SY 08124.2—2018《石油企业现场安全检查规范　第 2 部分：钻井作业》

第 6.2.8.3 条：进入井场的车辆应安装防火帽。

常见问题 8：叉车制动失效

问题描述：叉车刹车线断裂，制动失效。

相关标准：TSG 81—2022《场（厂）内专用机动车辆安全技术规程》

第 2.5.4.1 条：（1）场车应当设置行车、驻车制动系统，并且有相应的制动装置。

2. 压力容器

常见问题 1：压力容器检验报告超期

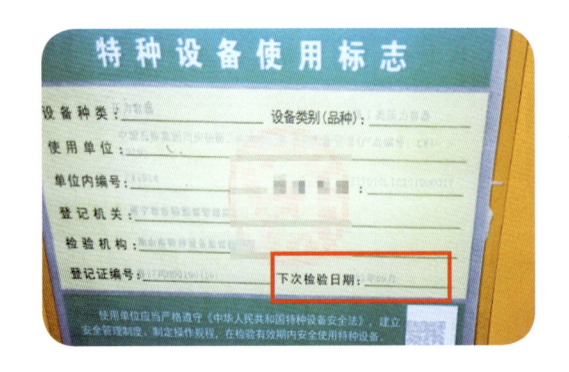

问题描述：现场储气罐检测报告过期。

问题描述： 现场正压式空气呼吸器气瓶超期未检测。

相关标准： Q/SY 01007—2016《油气田用压力容器监督检查技术规范》

第 10.5.1 条：压力容器一般应于投用后 3 年内进行首次定期检验。下次的检验周期由检验机构根据压力容器的安全状况等级确定。

第 10.5.2 条：使用单位应于压力容器定期检验有效期届满前一个月向特种设备检验机构提出定期检验要求并领取检验机构对于检验要求的回执。

常见问题 2：压力容器未办理使用登记证

▸ **问题描述**：压缩空气罐未办理特种设备登记证。

▸ **相关标准**：Q/SY 01007—2016《油气田用压力容器监督检查技术规范》

第 10.2.1 条：压力容器使用单位在压力容器投入使用前或者投入使用后 30d 内，应按照 TSG 21《固定式压力容器安全技术监察规程》的要求向直辖市或者设区的市的质量技术监督部门报送特种设备使用登记表，逐台办理登记注册并取得特种设备使用登记表。

常见问题 3：压力容器本体锈蚀

▸ **问题描述**：储气罐本体防腐脱落，锈蚀严重。

▸ **相关标准**：Q/SY 01007—2016《油气田用压力容器监督检查技术规范》

第 10.4.2 条：压力容器本体运行状况检查：外表有无腐蚀。

常见问题 4：压力容器压力表损坏

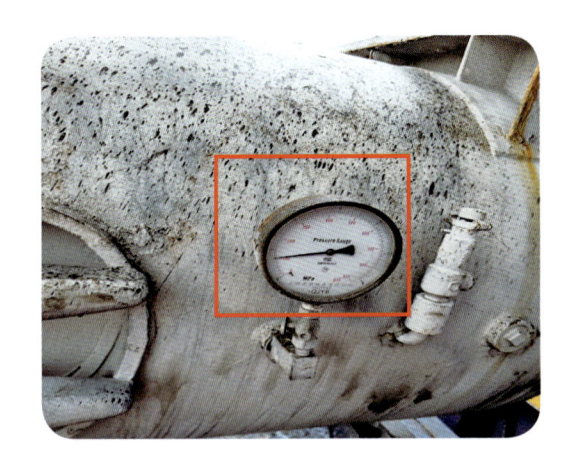

> **问题描述：** 储气罐压力表指针不回零，损坏失效。

> **相关标准：** Q/SY 01007—2016《油气田用压力容器监督检查技术规范》

表 A.6：88. 压力表应按照设备操作要求，定期进行检查，确保压力表工作正常。

常见问题 5：卧式气液分离器未张贴特种设备使用标志

> **问题描述：** 卧式气液分离器未张贴特种设备使用标志。

> **相关标准：**《中华人民共和国特种设备安全法》（中华人民共和国主席令 2013 年第 4 号）

第三十三条：特种设备使用单位应当在特种设备投入使用前或者投入使用后 30d 内，向负责特种设备安全监督管理的部门办理使用登记，取得使用登记证书。登记标志应当置于该特种设备的显著位置。

常见问题 6：压力容器登记证信息错误

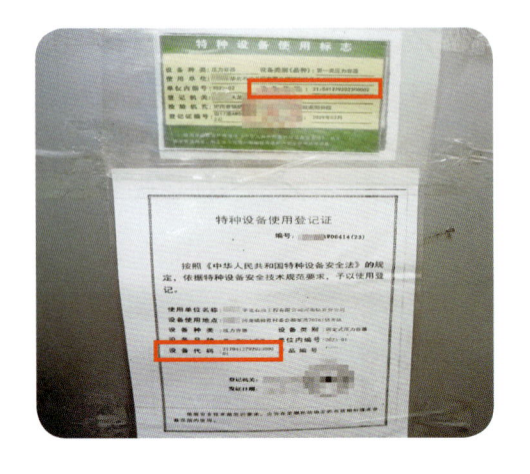

> **问题描述**：设备铭牌与登记证、使用标志设备代码不一致。

> **相关标准**：Q/SY 01007—2016《油气田用压力容器监督检查技术规范》

表 A.6：2. 特种设备使用登记证应悬挂或者固定在压力容器显著位置，当无法悬挂或固定时，可存放在使用单位的安全技术档案中，同时将使用的登记证编号标注在压力容器产品铭牌上或者其他可见部位。

常见问题 7：三相分离器安全阀检测报告过期未更新

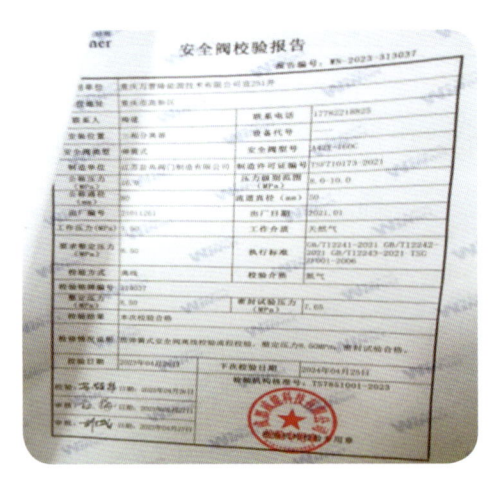

> **问题描述**：三相分离器安全阀检验超过校验周期。

> **相关标准**：TSG ZF001—2006《安全阀安全技术监察规程》

第 B6.3.1 条：安全阀定期校验，一般每年至少一次，安全技术规范有相应规定的从其规定。

第四节 风险作业

1. 作业许可

常见问题 1： 风险作业未开具作业许可

问题描述： 现场进行动火作业未开具动火作业许可。

相关标准： Q/SY 08240—2018《作业许可管理规范》

第 5.1.2 条：如果工作中包含下列工作，还应同时办理专项作业许可证：进入受限空间、挖掘作业、高处作业、移动式吊装作业、管线打开、临时用电、动火作业。

常见问题 2： 现场进行高风险作业，未开展作业前安全分析

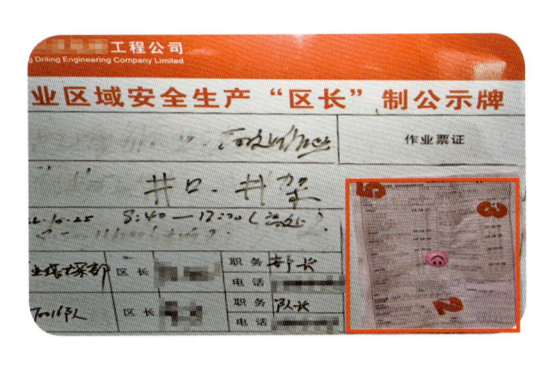

问题描述： 现场进行风险作业，未对作业内容进行安全分析。

相关标准：《中国石油天然气集团有限公司作业许可安全管理办法》（质安〔2022〕22 号）

第二十九条：特殊、非常规作业实行"八不准"要求：（一）工作前安全分析未开展不准作业。

常见问题 3： 高风险作业主要危害因素辨识不全

> **问题描述：** 高风险作业主要危害因素辨识不全，未识别到交叉作业的风险。

相关标准： Q/SY 08240—2018《作业许可管理规范》

第 5.3.3 条：对于一份作业许可证项下的多种类型作业，可统筹考虑作业类型、作业内容、交叉作业界面、工作时间等各方面因素，统一完成风险评估。

常见问题 4： 现场未落实作业许可中的安全措施

> **问题描述：** 现场动火作业未按照作业票安全措施要求设置警戒带。

相关标准： Q/SY 08240—2018《作业许可管理规范》

第 5.4.1 条：作业单位应严格按照安全工作方案落实安全措施。

常见问题 5： 作业许可票签字时间与实际作业时间不一致

问题描述： 作业许可票签字时间晚于现场实际作业时间。

相关标准： Q/SY 08240—2018《作业许可管理规范》

第 5.8.3 条：风险评估和安全措施只适用于特定区域的系统、设备和指定的时间段，如果工作时间超出许可证有效时限或工作地点改变，风险评估失去其效力，应停止作业，重新办理作业许可证。

常见问题 6： 作业许可票超期后未办理延期申请

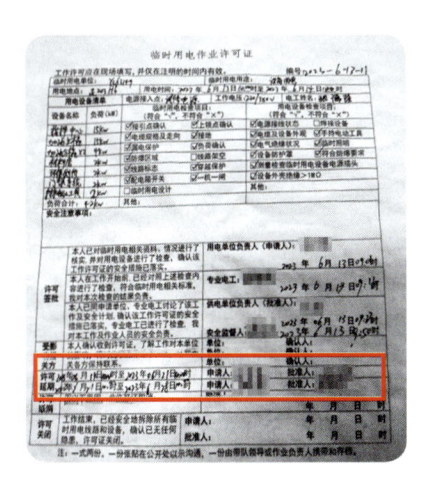

问题描述： 现场作业许可票到期后未办理延期继续作业。

相关标准： Q/SY 08240—2018《作业许可管理规范》

第 5.9.1 条：如果在许可证有效期内没有完成工作，申请人可申请延期。

常见问题 7：作业许可票签字不全

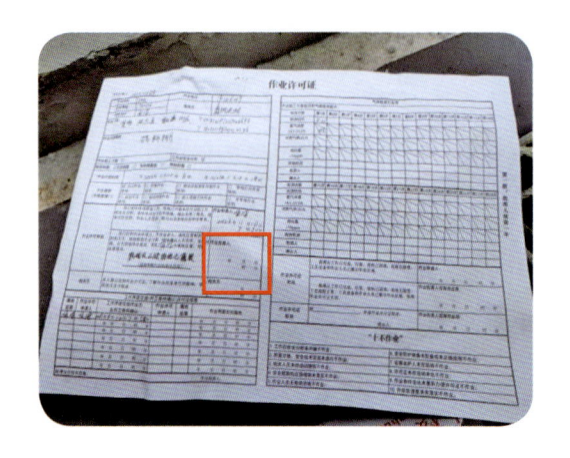

> **问题描述**：作业许可票审批人未签字。

> **相关标准**：Q/SY 08240—2018《作业许可管理规范》

第 5.7.2 条：书面审核和现场核查通过之后，批准人或其授权人、申请人和受影响的相关各方均应在作业许可证上签字。

常见问题 8：现场作业许可票填写不规范

> **问题描述**：现场作业结束后作业许可票未及时关闭。

> **相关标准**：Q/SY 08240—2018《作业许可管理规范》

第 5.9.3 条：作业完成后，申请人与批准人或其授权人在现场验收合格后，双方签字后方可关闭作业许可证。

常见问题 9：作业许可票未贴在现场

▶ **问题描述**：作业许可票第一联未悬挂在作业现场。

▶ **相关标准**：Q/SY 08240—2018《作业许可管理规范》

第 5.10.4 条：在工作实施期间，申请人应时刻持有有效的作业许可证的第一联，并将作业许可证第一联、附带的其他专项作业许可证第一联和安全工作方案放置于工作现场的醒目处。

常见问题 10：作业许可票一票多用

▶ **问题描述**：现场多处吊装作业，但现场只开具一张吊装作业许可。

▶ **相关标准**：《中国石油天然气集团有限公司作业许可安全管理办法》（质安〔2022〕22 号）

第十七条：作业申请人应当参与作业许可所涉及的相关工作。同一作业涉及两种或两种以上特殊或者非常规作业时，应同时执行各自作业要求，办理相应的作业审批手续。

2. 动火作业

常见问题 1：动火作业人无有效证件

问题描述：作业人员未取得特种作业证。

相关标准：《中国石油天然气集团有限公司作业许可安全管理办法》（质安〔2022〕22号）

第二十九条：特殊、非常规作业实行"八不准"要求：（三）作业人员无有效资格不准作业。

常见问题 2：动火作业人无有效特种作业证

问题描述：特种作业证超期未复审。

相关标准：《中国石油天然气集团有限公司作业许可安全管理办法》(质安〔2022〕22号)

第三十二条：作业申请人、作业批准人、作业监护人、属地监督、作业人员应当经过相应专项培训并考核合格。特种作业和特种设备作业人员应当取得相应资格证书，持证上岗。

常见问题3：动火作业现场无监护人

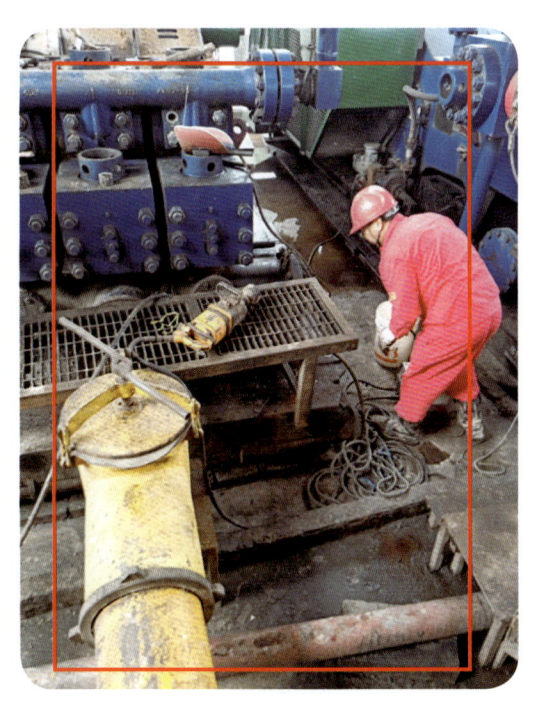

问题描述： 现场动火作业过程中监护人中途离开。

相关标准：《中国石油天然气集团有限公司作业许可安全管理办法》(质安〔2022〕22号)

第七十一条：动火作业应当有专人监护，作业现场应当配备消防器材，满足作业现场应急需求。与作业无关人员不应进入作业区域。

常见问题 4：作业监护人未佩戴标志，未持证上岗

问题描述：作业监护人未佩戴标志，未培训合格持证上岗。

相关标准：《中国石油天然气集团有限公司作业许可安全管理办法》（质安〔2022〕22号）

第三十二条：作业申请人、作业批准人、作业监护人、属地监督、作业人员应当经过相应专项培训并考核合格。作业监护人应当佩戴明显标志，持培训合格证上岗。

常见问题 5：动火作业人劳保器具穿戴不齐全

问题描述：现场动火作业人员未佩戴防弧光面罩。

相关标准：SY/T 5974—2020《钻井井场设备作业安全技术规程》

第 4.1.3 条：吊装作业、高处作业、动火作业等应按规定办理作业许可。作业人员应持证上岗，并正确穿戴个体劳动防护用品。

常见问题 6：动火作业现场氧气、乙炔瓶安全距离不够

问题描述： 使用的氧气、乙炔安全距离不足 5m。

相关标准：《中国石油天然气集团有限公司作业许可安全管理办法》(质安〔2022〕22 号)

第六十七条：使用气焊（割）动火作业时，乙炔瓶应当直立放置，不应卧放使用；氧气瓶与乙炔瓶的间距不应小于 5m，二者与作业地点间距不应小于 10m，并应当放置防晒和防倾倒设施；乙炔瓶应当安装防回火装置。

常见问题 7：动火作业现场氧气、乙炔瓶距动火点不足 10m

问题描述： 氧气、乙炔瓶距动火点不足 10m。

相关标准：《中国石油天然气集团有限公司作业许可安全管理办法》(质安〔2022〕22 号)

第六十七条：使用气焊（割）动火作业时，乙炔瓶应当直立放置，不应卧放使用；氧气瓶与乙炔瓶的间距不应小于 5m，二者与作业地点间距不应小于 10m，并应当放置防晒和防倾倒设施；乙炔瓶应当安装防回火装置。

常见问题 8：动火点周围有可燃物未清理

问题描述： 动火点周围 5m 之内有可燃物。

相关标准：《中国石油天然气集团有限公司作业许可安全管理办法》（质安〔2022〕22 号）

第五十六条：动火作业前，动火点周围应当满足以下安全要求：（一）应当清除距动火点周围 5m 之内的可燃物。

常见问题 9：动火作业附近进行其他危险作业

问题描述： 动火点 10m 范围内及动火点下方，同时进行可燃溶剂清洗或喷漆作业。

相关标准：《中国石油天然气集团有限公司作业许可安全管理办法》（质安〔2022〕22 号）

第六十二条：动火期间，在动火点 10m 范围内、动火点上方及下方不应同时进行可燃溶剂清洗或者喷漆作业，不应进行可燃性粉尘清扫作业；距动火点 15m 范围内不应排放可燃液体；距动火点 30m 范围内不应排放可燃气体或者存在液态烃、低闪点油品泄漏的情况。

常见问题 10：动火作业现场未配备检定合格的可燃气体检测仪

问题描述： 动火作业现场配备的可燃气体检测仪未经检测。

相关标准：《中国石油天然气集团有限公司作业许可安全管理办法》（质安〔2022〕22号）

第三十九条：色谱分析仪、移动式或者便携式气体检测仪等气体检测设备应当由具备检测资质的单位检定合格且在有效期内，确保处于正常工作状态。

常见问题 11：动火作业未检测气体浓度

问题描述： 动火作业时未按规定要求检测可燃气体浓度。

相关标准：《中国石油天然气集团有限公司作业许可安全管理办法》（质安〔2022〕22号）

第六十四条：在作业过程中可能释放出易燃易爆、有毒有害物质的设备上或者设备内部动火时，动火前应当进行风险分析，并采取有效的防范措施，必要时应当连续检测气体浓度，发现气体浓度超限报警时，应当立即停止作业。

常见问题 12：动火作业现场未按要求配备救援器材

问题描述：动火作业现场未配备消防器材。

相关标准：《中国石油天然气集团有限公司作业许可安全管理办法》（质安〔2022〕22号）

第七十一条：动火作业应当有专人监护，作业现场应当配备消防器材，满足作业现场应急需求。与作业无关的人员不应进入作业区域。

常见问题 13：动火作业现场警示标识不齐全

问题描述：动火作业现场未设置警戒带。

相关标准：《中国石油天然气集团有限公司作业许可安全管理办法》（质安〔2022〕22号）

第三十三条：作业区域所在单位应当尽量减少特殊、非常规作业现场人员，并设置警戒线，无关人员严禁进入。进入作业现场的人员应当正确佩戴满足相关标准要求的个体防护装备。

常见问题 14：作业许可办理不规范

问题描述： 超指定地点或区域、时间范围作业未重新办理作业许可证。

相关标准：《中国石油天然气集团有限公司作业许可安全管理办法》（质安〔2022〕22号）

第二十一条：作业内容、作业方案、作业关键人员或环境条件变化，作业范围扩大、作业地点转移或者超过作业许可证有效期限时，应当重新办理作业许可证。

3. 高处作业

常见问题 1：高处作业安全措施未落实

问题描述： 高处作业未系安全带。

问题描述： 两名员工高处拆除设备作业，无任何防护措施。

相关标准：《中国石油天然气集团有限公司作业许可安全管理办法》（质安〔2022〕22号）

第一百〇六条：使用高处作业防坠落装备应当遵守以下规定：（一）选择符合安全要求的安全带、安全绳和安全网，并按GB/T 23468《坠落防护装备安全使用规范》的要求安全使用。

常见问题2：高处作业安全带使用不规范

问题描述： 安全带使用不正确，未高挂低用。

相关标准：《中国石油天然气集团有限公司作业许可安全管理办法》（质安〔2022〕22号）

第一百〇六条：使用高处作业防坠落装备应当遵守以下规定：（三）安全带应当拴挂于牢固的构件或物体上，防止挂点摆动和碰撞，使用坠落悬挂安全带时，挂点应当位于工作平面上方，坠落下方安全空间范围内应无障碍物。

常见问题 3： 高处作业手工具未系尾绳

问题描述： 高处作业手工具未系尾绳，可能造成高处落物。

相关标准： SY/T 6586—2020《石油天然气钻采设备 钻机现场安装及检验》

第 4.3.2 条：高处作业人员应系好安全带。工具应拴好保险绳，零配件应装在工具袋内，工具、零配件不得上抛下扔。

常见问题 4： 高处作业无专人监护

问题描述： 高处作业无监护人。

相关标准：《中国石油天然气集团有限公司作业许可安全管理办法》（质安〔2022〕22 号）

第三十四条：特殊、非常规作业应当设专人监护。特级动火作业、特殊情况受限空间作业、一级吊装作业、Ⅳ级高处作业，以及情况复杂、风险高的非常规作业由作业区域所在单位和作业单位实施作业现场"双监护"和视频监控。

常见问题 5：井架工上下二层平台时手中持物

> **问题描述：** 井架工上下二层平台时手中持有剪线钳，可能造成高空落物。

> **相关标准：** SY/T 6586—2020《石油天然气钻采设备 钻机现场安装及检验》

　　第 4.3.2 条：高处作业人员应系好安全带。工具应拴好保险绳，零配件应装在工具袋内，工具、零配件不得上抛下扔。

常见问题 6：高处作业人员未经培训考试合格，未持证上岗

> **问题描述：** 高处作业人员未经培训考试合格，未持证上岗。

> **相关标准：**《中国石油天然气集团有限公司作业许可安全管理办法》（质安〔2022〕22 号）

　　第二十九条：特殊、非常规作业实现"八不准"要求：（三）作业人员无有效资格不准作业。

常见问题 7： 安排不适于高处作业的人员，从事高处作业

▷ **问题描述：** 高处作业人员有高血压。

▷ **相关标准：**《中国石油天然气集团有限公司作业许可安全管理办法》（质安〔2022〕22 号）

第一百〇三条：作业人员应当身体健康，凡经诊断患有心脏病、贫血病、癫痫病、晕厥及眩晕症、严重关节炎、四肢骨关节及运动障碍疾病、未控制的高血压病，或者其他相关禁忌证，或者服用嗜睡、兴奋等药物，以及饮酒的人员，不得从事高处作业。

常见问题 8： 施工人员在高处向下抛物

▷ **问题描述：** 施工人员在操作平台上向下投掷工具、材料和杂物。

161

▸ **相关标准：**《中国石油天然气集团有限公司作业许可安全管理办法》（质安〔2022〕22 号）

第一百一十二条：高处作业还应当遵守以下安全要求：（二）高处作业使用的工具、材料、零件等应当装入工具袋，上下时手中不应持物，不应投掷工具、材料及其他物品；易滑动、易滚动的工具、材料堆放在脚手架上时，应当采取防坠落措施。

4. 吊装作业

常见问题 1： 吊装作业过程违反十不吊

▸ **问题描述：** 吊装作业吊物斜拉歪掉。

▸ **相关标准：**《中国石油天然气集团有限公司作业许可安全管理办法》（质安〔2022〕22 号）

第一百二十四条：有下列十种情况之一的，禁止吊装作业，即"十不吊"：（三）捆绑不牢、索具打结、斜拉歪拽不吊。

常见问题 2： 吊物捆绑不牢、索具打结

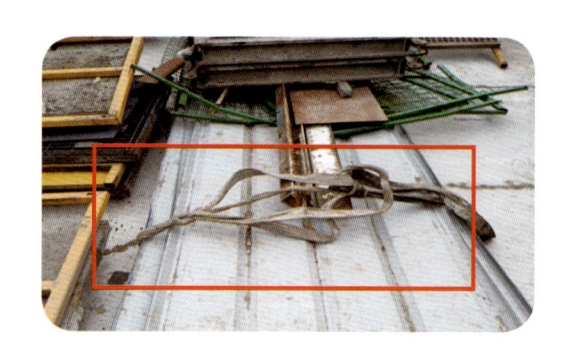

▸ **问题描述：** 吊物捆绑不牢、吊索具打结。

相关标准：《中国石油天然气集团有限公司作业许可安全管理办法》（质安〔2022〕22号）

第一百二十四条：有下列十种情况之一的，禁止吊装作业，即"十不吊"：（三）捆绑不牢、索具打结、斜拉歪拽不吊。

常见问题3：吊装钢丝绳不符合规范要求

问题描述： 吊装钢丝绳断丝超标。

相关标准： Q/SY 08248—2018《移动式起重机吊装作业安全管理规范》

第C.2条：如果出现下列任意一种情况，应更换钢丝绳或吊钩：a）一个绳节距上有六个断丝或一个绳节距内一个绳股上有三个断丝。

常见问题4：吊装作业过程中人员站位不正确

问题描述： 人员在吊物下作业。

相关标准： Q/SY 08248—2018《移动式起重机吊装作业安全管理规范》

第5.4.3.7条：任何人员不得在悬挂的货物下工作、站立、行走，不得随同货物或起重机械升降。

常见问题 5：作业人员站位不正确

> **问题描述**：作业人员站在吊物上随货物升降，有坠落的风险。

> **相关标准**：Q/SY 08248—2018《移动式起重机吊装作业安全管理规范》

第 5.4.3.7 条：任何人员不得在悬挂的货物下工作、站立、行走，不得随同货物或起重机械升降。

常见问题 6：起重作业过程中司机离开驾驶室

> **问题描述**：起重机未熄火关闭时司机离开驾驶室。

> **相关标准**：Q/SY 08248—2018《移动式起重机吊装作业安全管理规范》

第 5.4.3.8 条：在下列情况下，起重机司机不得离开操作室：货物处于悬吊状态；操作手柄未复位；手刹未处于制动状态；起重机未熄火关闭；门锁未锁好。

常见问题 7：吊装作业吊车支腿下未垫枕木

问题描述：吊装作业吊车支腿下未垫枕木。

相关标准：Q/SY 08248—2018《移动式起重机吊装作业安全管理规范》

第 5.4.3.1 条：进入作业区域之前，应对基础地面及地下土层承载力、作业环境等进行评估。在正式开始吊装作业前，应确认人员资质及各项安全措施。起重机司机必须巡视工作场所，确认支腿已按要求垫枕木，发现问题应及时整改。

常见问题 8：人员在吊臂旋转半径范围内作业

问题描述：人员在吊臂下作业。

相关标准：Q/SY 08248—2018《移动式起重机吊装作业安全管理规范》

第 5.4.3.4 条：起重机吊臂回转范围内应采用警戒带或其他方式隔离，无关人员不得进入该区域内。

井工程现场 常见 HSE 典型问题图册

常见问题 9： 吊装作业过程中无法控制物体方向

问题描述： 吊装作业时未使用牵引绳或牵引钩控制物体的方向。

相关标准： Q/SY 08248—2018《移动式起重机吊装作业安全管理规范》
第 5.4.3.6 条：操作中起重机应处于水平状态。在操作过程中可通过引绳来控制货物的摆动，禁止将引绳缠绕在身体的任何部位。

常见问题 10： 吊装作业指挥人或监护人参与作业

问题描述： 监护人员参与作业。

▶ **相关标准：**《中国石油天然气集团有限公司作业许可安全管理办法》（质安〔2022〕22号）

第一百一十九条：吊装作业指挥人员应当遵守以下要求：（一）严格执行吊装作业方案，核实吊物重量与起重机械额定起重量是否相符，确认索具、吊具的选择；（二）佩戴明显的标志，并按规定的联络信号进行指挥。

常见问题11：两台吊车同时吊装大型设备时吊物未吊平

▶ **问题描述：** 两台吊车同时起吊钻井泵时，钻井泵未吊平。

▶ **相关标准：**《中国石油天然气集团有限公司作业许可安全管理办法》（质安〔2022〕22号）

第一百一十九条：吊装作业指挥人员应当遵守以下要求：（三）两台或多台起重机械吊运同一吊物时，应当确保起重机械吊运保持同步。

常见问题 12：吊装作业未设置警示隔离区域

问题描述：吊装作业区域未设置警戒带。

相关标准：Q/SY 08248—2018《移动式起重机吊装作业安全管理规范》

第 5.1.6 条：起重机吊臂回转范围内应采用警戒带或其他方式隔离，无关人员不得进入该区域内。

常见问题 13：吊装作业无专职监护人员

问题描述：吊装作业现场只有指挥人员，无专职监护人员。

▶ **相关标准：**《中国石油天然气集团有限公司作业许可安全管理办法》（质安〔2022〕22号）

第二十九条：特殊、非常规作业实行"八不准"要求：（六）监护人未在现场不准作业。

常见问题14：起重机带载行走

▶ **问题描述：** 起重机吊臂悬挂重物、吊臂未收回，移动车辆。

▶ **相关标准：** Q/SY 08248—2018《移动式起重机吊装作业安全管理规范》

第5.1.4条：任何情况下，严禁起重机带载行走；无论何人发出紧急停车信号，都应立即停车。

5. 受限空间作业

常见问题1：受限空间作业安全措施未落实

▶ **问题描述：** 现场受限空间作业未进行气体检测。

相关标准： SY/T 7668—2022《石油钻井安全监督规范》

第 7.7.4 条：安全监督人员应确认钻井队清理钻井液罐作业办理受限空间作业许可，检测有毒有害气体及氧气浓度，并安排专人监护。

常见问题 2：受限空间作业警示标识缺失

问题描述： 受限空间作业未设置警戒区域。

相关标准：《中国石油天然气集团有限公司作业许可安全管理办法》（质安〔2022〕22 号）

第三十三条：作业区域所在单位应当尽量减少特殊、非常规作业现场人员，并设置警戒线，无关人员严禁进入。

常见问题 3：受限空间作业无监护人

问题描述： 清掏钻井液罐作业时，未在作业区域内安排监护人。

▶ **相关标准：**《中国石油天然气集团有限公司作业许可安全管理办法》(质安〔2022〕22号)

第八十六条：受限空间作业时，监护人应当在受限空间外进行全程监护，不应在无任何防护措施的情况下探入或者进入受限空间；监护人应当对进入受限空间的人员及其携带的工器具种类、数量进行登记，作业完毕后再次进行清点，防止遗漏在受限空间内。

常见问题 4：受限空间作业未配备应急救援设备设施

▶ **问题描述：** 受限空间作业未在出口处配备逃生绳、空气呼吸器等应急救援设备设施。

▶ **相关标准：**《中国石油天然气集团有限公司作业许可安全管理办法》(质安〔2022〕22号)

第八十七条：受限空间作业时，出入口应当保持畅通，并设置明显的安全警示标志；空气呼吸器、防毒面具、急救箱等应急物资和救援设备应当配备到位，盛有腐蚀性介质的容器作业现场应当配备应急用冲洗水等。

常见问题 5：受限空间作业安全措施落实不到位

问题描述： 进入受限空间前 30min，未检测有毒有害气体、含氧量、可燃气体。

相关标准：《中国石油天然气集团有限公司作业许可安全管理办法》（质安〔2022〕22 号）

第三十九条：动火作业、受限空间作业气体取样和检测应满足以下要求：（二）气体分析取样时间与作业开始时间间隔超过 30min 或者作业中断时间超过 30min，应当重新进行检测。

常见问题 6：清理循环罐安全措施落实不到位

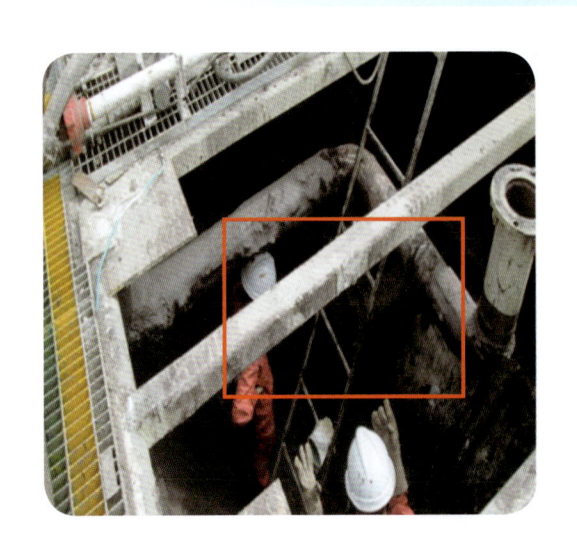

问题描述： 清理循环罐前，搅拌器未断电，未确认是否能量隔离。

> 问题描述：清理循环罐前，搅拌器总电源处未上锁挂签。

> 相关标准：《中国石油天然气集团有限公司作业许可安全管理办法》（质安〔2022〕22号）

　　第七十八条：对受限空间内阻碍人员移动、对作业人员造成危害、影响救援的设备（如搅拌器），应当采取固定措施，必要时应当移出受限空间。

6. 临时用电作业

常见问题1：临时用电电源线连接不规范

> 问题描述：现场临时用电作业电源线接线端硬接线，无防爆安全措施。

> 相关标准：《中国石油天然气集团有限公司作业许可安全管理办法》（质安〔2022〕22号）

　　第一百二十七条：火灾爆炸危险场所应使用相应防爆等级的电气元件，并采取相应的防爆安全措施。

常见问题 2：临时用电线路架设不规范

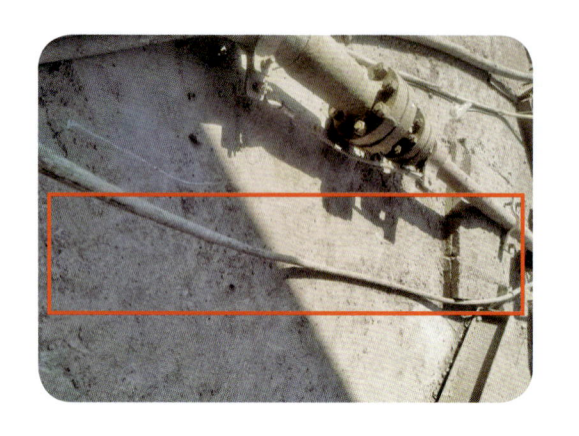

问题描述： 超过一个月的临时用电线路未使用专用电杆或支架架空。

相关标准：《中国石油天然气集团有限公司作业许可安全管理办法》(质安〔2022〕22号)

第一百三十二条：临时用电线路采用架空方式安装时，架空线应当采用绝缘铜芯线，架设在专用电杆或者支架上。

常见问题 3：临时架空线最大弧垂与地面距离偏低

问题描述： 临时架空线最大弧垂与地面距离低于2.5m，穿越机动车道低于5m。

相关标准：《中国石油天然气集团有限公司作业许可安全管理办法》(质安〔2022〕22号)

第一百三十二条：临时用电线路采用架空方式安装时，架空线应当采用绝缘铜芯线，架设在专用电杆或者支架上；架空线路上不得进行接头连接，其最大弧垂与地面距离，在施工现场不低于2.5m，穿越机动车道不低于5m。

常见问题 4：临时用电设施未做到"一机一闸一保护"

问题描述： 移动工具、手持电动工具使用同一开关直接控制。

相关标准：《中国石油天然气集团有限公司作业许可安全管理办法》（质安〔2022〕22号）

第一百三十九条：临时用电设施应当做到"一机一闸一保护"，开关箱和移动式、手持式电动工具应当安装符合规范要求的漏电保护器。每次使用前应检查电气装置和保护设施的可靠性。

常见问题 5：未按照操作规程使用手持电动工具

问题描述： 停止使用手持电动工具后，作业人员未切断电源。

相关标准：《中国石油天然气集团有限公司作业许可安全管理办法》（质安〔2022〕22号）

第一百四十四条：使用手持电动工具应当满足以下安全要求：

（一）有合格标牌，外观完好，各种保护罩（板）齐全；

（八）应当严格按照操作规程使用移动式电气设备和手持电动工具，使用过程中需要移动或者停止工作、人员离去或者突然停电时，应当断开电源开关或者拔掉电源插头。

常见问题 6：临时用电作业许可不规范

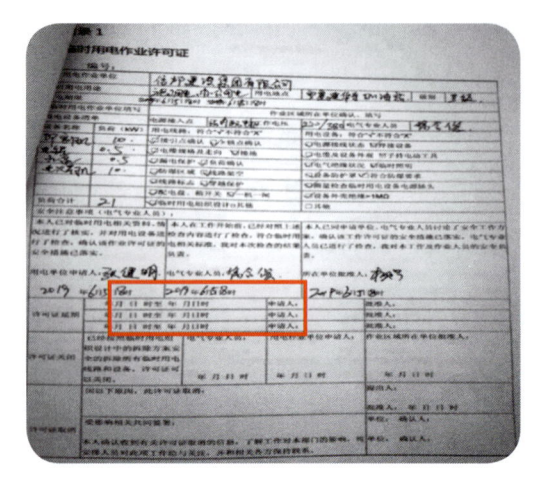

▶ **问题描述**：临时用电作业许可到期未办理延期申请。

▶ **相关标准**：《中国石油天然气集团有限公司作业许可安全管理办法》（质安〔2022〕22号）

第二十三条：作业区域所在单位或者作业单位应当根据不同作业类型、风险大小、工作量等综合因素确定作业许可时限，并符合以下要求：（四）临时用电作业不超过15d，特殊情况不应超过30d，用于动火、受限空间作业的临时用电时间应和相应作业时间一致。

第五节 化学品管理

常见问题 1：未建立危险化学品使用台账，或台账内容填写不齐全

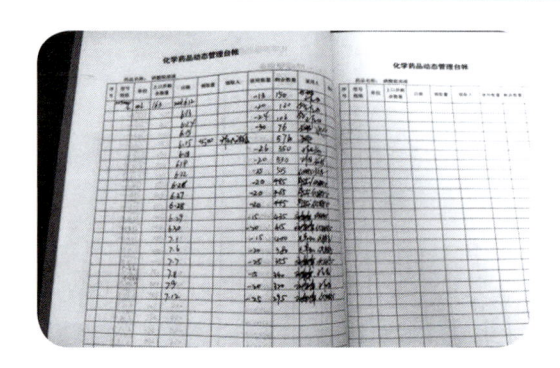

▶ **问题描述**：危险化学品使用台账内容填写不齐全。

> **相关标准：** SY/T 7336—2016《钻井液现场工艺技术规程》

第 7.2.2 条：应建立危险化学品的使用台账，危险化学品的使用应有详细记录。

常见问题 2：酸罐阀门渗漏，部分含酸液体未及时清理

> **问题描述：** 酸罐阀门渗漏，部分含酸液体未及时清理。

> **相关标准：** SY/T 5727—2020《井下作业安全规程》

第 4.4.2.2 条：罐内清洁、无异物、无泄漏。

常见问题 3：危险化学品管理不规范

> **问题描述：** 危险化学品未执行上双锁管理。

> **相关标准：** SY/T 7336—2016《钻井液现场工艺技术规程》

第 7.2.2 条：对危险化学品应有专人或双人保管，确保不丢失、不污染环境。

常见问题 4：危险化学品存放处未设置 MSDS 信息

▸ **问题描述**：现场存放的钻井液材料无 MSDS 信息。

▸ **相关标准**：Q/SY 08124.2—2018《石油企业现场安全检查规范 第 2 部分：钻井作业》

第 5.1.5.1.3 条：负责危险化学品的管理，收集、核实并保存化学品安全技术说明书，组织相关培训。

常见问题 5：钻井液材料和处理剂中的危险化学品未存放在专门的库房内

▸ **问题描述**：氢氧化钠未存放在专门库房内。

▸ **相关标准**：SY/T 7336—2016《钻井液现场工艺技术规程》

第 7.2.2 条：将钻井液材料和处理剂中的危险化学品存放在专门的库房内，保持存放位置空气流通，库房应远离生活区与有明火的地方。

常见问题 6：使用塑料桶盛装柴油

问题描述：井队油品房内使用塑料桶盛装柴油。

相关标准：Q/SY 08431—2021《防静电安全技术规范》

第 4.2.21 条：小型容器盛装易燃液体应满足下列防静电要求：a）不得使用绝缘材料的容器在作业现场盛装易燃液体。

常见问题 7：柴油罐未锁控管理

问题描述：柴油罐未上双锁管理。

相关标准：GB 15603—2022《危险化学品仓库储存通则》

第 5.10 条：剧毒化学品、监控化学品、易制毒化学品、易制爆危险化学品，应按规定将储存地点、储存数量、流向及管理人员的情况报相关部门备案，剧毒化学品，以及构成重大危险源的危险化学品，应在专用仓库内单独存放，并实行双人收发、双人保管制度。

常见问题 8： 危废贮存间标识牌名称、编码及联系方式未填写数据

> **问题描述：** 危废贮存间标识牌名称、编码及联系方式未填写数据。

> **相关标准：** HJ 1276—2022《危险废物识别标志设置技术规范》

　　第 5.1.2 条：危险废物标签应包含废物名称、废物类别、废物代码、废物形态、危险特性、主要成分、有害成分、注意事项、产生/收集单位名称、联系人、联系方式、产生日期、废物重量和备注。

第六节　检测仪器

常见问题 1： 硫化氢监测仪超期未检测

> **问题描述：** 坐岗工配备的硫化氢监测仪超六个月未检测。

相关标准： Q/SY 08124.2—2018《石油企业现场安全检查规范 第2部分：钻井作业》

第 6.4.4.3 条：作业现场的硫化氢监测仪和呼吸保护设备应存放在便于取用的地方，指定专人妥善保管，定期检查、保养和检定，报警值设置正确、灵敏好用。

常见问题 2：硫化氢监测仪报警值设置错误

问题描述： 坐岗工配备的硫化氢监测仪报警值设置错误。

相关标准： Q/SY 08124.2—2018《石油企业现场安全检查规范 第2部分：钻井作业》

第 6.5.1.1 条：钻井作业现场应按设计配备可燃气体监测仪、正压式空气呼吸器和呼吸空气压缩机，指定专人管理，定期检查、检定和保养，报警值设置正确、灵敏好用。

常见问题 3：未按照工程设计要求配齐监测仪

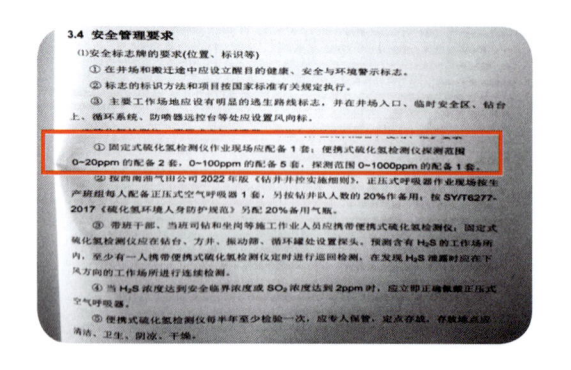

问题描述：现场配备七台硫化氢监测仪，工程设计要求配备八台硫化氢监测仪，未按照工程设计要求配齐监测仪。

相关标准：Q/SY 08124.2—2018《石油企业现场安全检查规范 第 2 部分：钻井作业》

第 6.4.3.1 条：在含硫化氢油气田进行钻井作业时，应按设计配备硫化氢监测仪、正压式空气呼吸器和充气泵。

常见问题 4：硫化氢监测仪故障

问题描述：井口处硫化氢监测仪故障。

相关标准：Q/SY 08124.2—2018《石油企业现场安全检查规范 第 2 部分：钻井作业》

第 6.4.4.3 条：作业现场的硫化氢监测仪和呼吸保护设备应存放在便于取用的地方，指定专人妥善保管，定期检查、保养和检定，报警值设置正确、灵敏好用。

常见问题 5：流程处安装的可燃气体监测仪无电不工作

> **问题描述：** 流程处安装的可燃气体监测仪无电不工作。

> **相关标准：** SY/T 6503—2022《石油天然气工程可燃气体和有毒气体检测报警系统安全规范》

第 4.10 条：设置的报警器应采用不间断电源（UPS）或自带蓄电池供电，后备供电时间应不低于 30min。

常见问题 6：带压队油罐区接地电阻到期未检测

> **问题描述：** 带压队油罐区接地电阻到期未检测。

> **相关标准：** SY/T 6503—2022《石油天然气工程可燃气体检测报警系统安全规范》

第 4.10 条：设置的报警器应采用不间断电源（UPS）或自带蓄电池供电，后备供电时间应不低于 30min。

常见问题 7：干粉橇压力表流量计阀未检测

问题描述：干粉橇压力表流量计阀未检测。

相关标准：JJG 640—2016《差压式流量计》

第 7.5.3 条：示值误差检测法检测的差压式流量计的检定周期一般不超过 1 年。

常见问题 8：带压作业队柴油罐处静电释放桩故障

问题描述：带压作业队柴油罐处静电释放桩故障。

相关标准：Q/SY 08717—2019《本安型人体静电消除器技术条件》

第 3.2 条：b）支撑体与触摸体应结合良好，保证人体静电通过触摸体表层顺利导入大地。

常见问题 9：两相分离器的抗硫浮子液位计未检验

问题描述： 两相分离器的抗硫浮子液位计未检验。

相关标准： JJG 971—2019《液位计检定规程》

第 7.5 条：液位计的检定周期可根据使用环境条件及使用频繁程度来确定，一般不超过一年。

第七节 承包商管理

1. 入场培训

常见问题 1：未对作业人员入场培训

问题描述： 未对承包商入场作业人员专项安全（HSE）培训、作业人员入场培训和属地现场安全教育。

▸ **相关标准：**《中国石油天然气集团有限公司承包商安全监督管理办法》（中油安〔2024〕24 号）

第十条：所属单位是承包商安全监督管理的责任主体，履行以下主要职责：（四）负责组织开展外包项目和作业活动安全风险识别、安全交底，督促、组织开展承包商关键岗位人员专项安全（HSE）培训、作业人员入场培训和属地现场安全教育。

常见问题 2：入场培训内容无具体风险的针对性

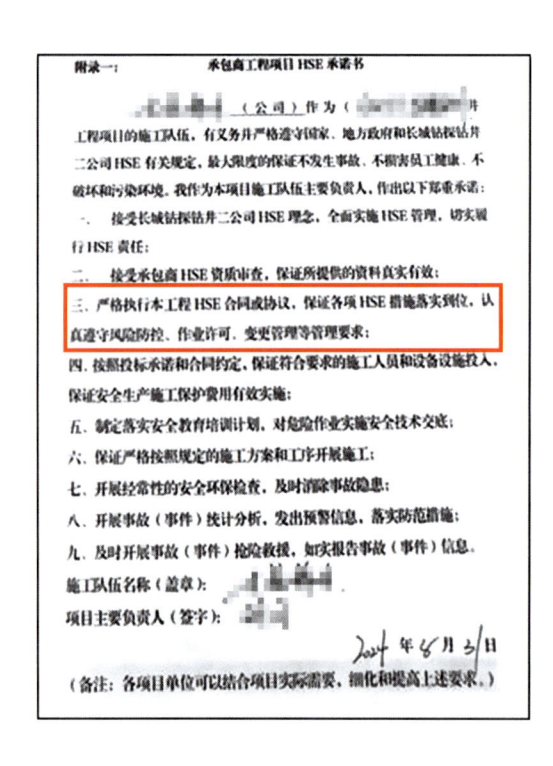

▸ **问题描述：** 对承包商入场作业人员专项安全（HSE）培训、作业人员入场培训和属地现场安全教育内容粗糙，无具体风险的针对性。

▸ **相关标准：**《中国石油天然气集团有限公司承包商安全监督管理办法》（中油安〔2024〕24 号）

第十条：所属单位是承包商安全监督管理的责任主体，履行以下主要职责：（四）负责组织开展外包项目和作业活动安全风险识别、安全交底，督促、组织开展承包商关键岗位人员专项安全（HSE）培训、作业人员入场培训和属地现场安全教育。

2. 入场告知

常见问题1：无入场告知公示牌

▶ **问题描述：** 对存在较大安全风险的作业场所未设置安全风险告知（公示）牌、安全标识等设施。

相关标准：《中国石油天然气集团有限公司承包商安全监督管理办法》（中油安〔2024〕24号）

第二十五条：建设（总包）单位应当提供满足安全要求的承包商作业场所、环境、作业界面，必要的设备设施和劳动防护用品等基本安全条件，以及与外包项目相关的基本信息、风险识别评价等文件资料、检修装置有关工艺变更和调整改造等信息，开展外包项目安全交底，配置满足相应要求的项目管理人员、安全监督管理人员和应急救援资源，对存在较大安全风险的作业场所设置安全风险告知（公示）牌、安全标识等设施。

常见问题2：未明确高危作业区域安全"区长"负责人

问题描述： 对高危作业未采取安全生产挂牌，未明确高危作业区域安全"区长"负责人。

相关标准：《中国石油天然气集团有限公司承包商安全监督管理办法》（中油安〔2024〕24号）

第五十三条：建设单位和总承包单位应当按照中国石油天然气集团有限公司高危作业安全生产挂牌制等管理制度，明确高危作业区域安全"区长"负责人，落实属地安全监督管理责任。工程建设和装置大检修项目作业现场宜采取安全网格化安全监督管理的方式。

常见问题 3：项目施工方案未经建设单位审查和审批

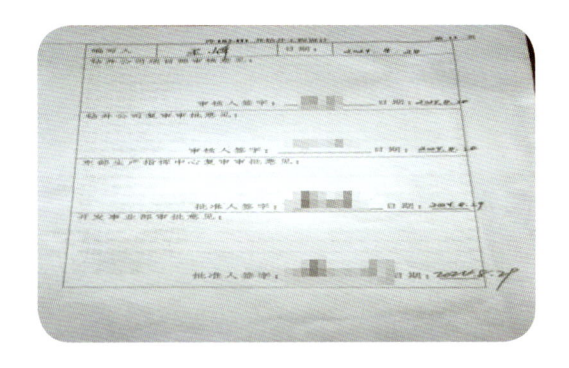

问题描述： 项目施工前施工方案未经建设单位审查和审批。

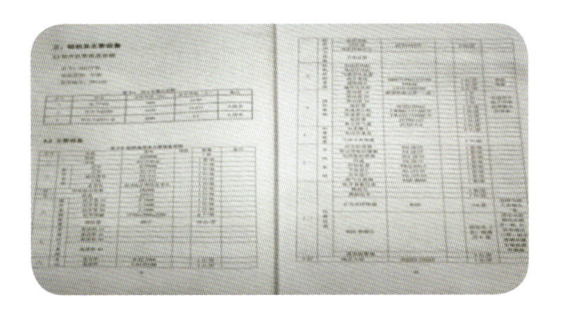

相关标准：《中国石油天然气集团有限公司承包商安全监督管理办法》（中油安〔2024〕24 号）

第二十八条：建设（总包）单位应当组织开展承包商施工方案审查，突出作业工序、施工组织、机具设备、资源配置、应急措施等方面的风险识别，检查并督促落实风险防范措施。施工方案应当针对具体施工项目、作业活动等进行针对性的编制和审查，未经审查、批准的施工方案不得实施。

常见问题 4：无项目相关负责人培训合格证明

问题描述：无项目主要负责人、项目负责人、安全管理负责人的安全资质证书或者有关安全培训合格证明。

相关标准：《中国石油天然气集团有限公司承包商安全监督管理办法》（中油安〔2024〕24号）

第十三条：承包商基本安全资格条件主要包括以下内容：

（四）主要负责人、项目负责人、安全管理负责人的安全资质证书或者有关安全培训合格证明。

（五）项目所必需的特种作业和专业技术人员配置及相关资质证书材料，安全管理人员的配置情况。

3. 承包商考核

常见问题： 对造成重大隐患、险情、事故事件的承包商人员未纳入"人员黑名单"管理

问题描述： 对造成重大隐患、险情、事故事件的承包商人员未纳入"人员黑名单"管理。

相关标准：《中国石油天然气集团有限公司承包商安全监督管理办法》（中油安〔2024〕24号）

第五十七条：建设（总包）单位应当对发生违章作业、违章指挥和违反劳动纪律等"三违"行为的承包商作业人员、不有效履行职责的承包商关键岗位人员及时提出处理措施，并通报其所在单位。对拒不服从属地管理、多次故意"三违"、严重"三违"或者造成重大隐患、险情、事故事件的承包商人员应当清理出项目现场，收回入厂（场）许可证，纳入"人员黑名单"管理。

第八节　交叉作业

常见问题 1： 检维修电气设备时未能量隔离

> **问题描述：** 检维修电气设备时总电源未断电，未进行挂牌标识。

> **相关标准：** Q/SY 08124.2—2018《石油企业现场安全检查规范　第 2 部分：钻井作业》

　　第 6.2.3.5 条：从事检修机械设备、电气设施等需进行能量隔离的作业时，应进行切断和锁定，应在其控制开关处悬挂"正在检修、禁止启动""正在检修、禁止合闸"等警告标识。

常见问题 2： 检维修作业安全措施落实不到位

> **问题描述：** 现场检修钻井泵作业未断电源、未上锁挂签。

▶ **相关标准：** Q/SY 08124.2—2018《石油企业现场安全检查规范 第 2 部分：钻井作业》

第 6.2.3.5 条：从事检修机械设备、电气设施等需进行能量隔离的作业时，应进行切断和锁定，应在其控制开关处悬挂"正在检修、禁止启动""正在检修、禁止合闸"等警告标识。

常见问题 3：联合作业未办理作业许可证，未编制作业计划书

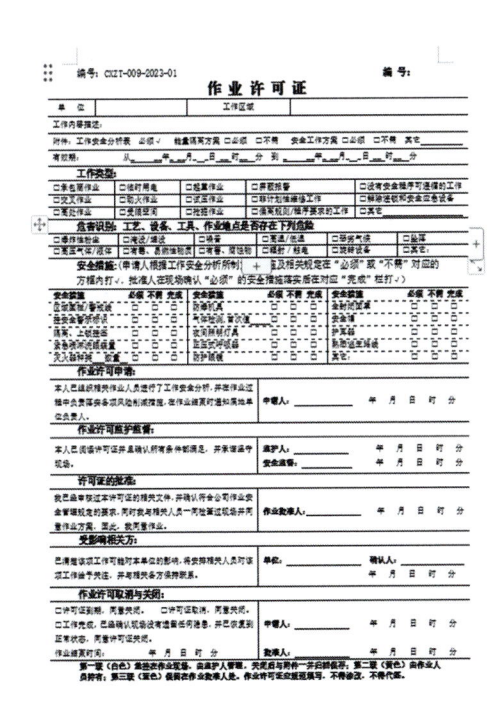

▶ **问题描述：** 联合作业未办理作业许可证。

▶ **相关标准：** Q/SY 08124.2—2018《石油企业现场安全检查规范 第 2 部分：钻井作业》

第 6.2.10.2 条：联合作业单位应向生产组织单位办理作业许可证后方可施工，应针对作业项目编制作业计划书并经过审批，发放到作业人员并实施。

常见问题 4：联合作业前未召开作业协调会

▶ **问题描述**：联合作业前未组织相关人员召开作业协调会。

▶ **相关标准**：Q/SY 08124.2—2018《石油企业现场安全检查规范 第 2 部分：钻井作业》

第 6.2.10.3 条：进行联合作业时，应召开施工作业协调会，制订和落实安全措施，明确各自的安全职责，并做好会议记录。

常见问题 5：现场车辆无专人指挥

▶ **问题描述**：作业车辆装卸货物及倒车时无专人指挥。

▶ **相关标准**：Q/SY 08124.2—2018《石油企业现场安全检查规范 第 2 部分：钻井作业》

第 6.2.10.7 条：作业车辆停放位置应恰当，不应骑、压绷绳，装卸货物及倒车时应指定专人指挥。

04

第四章

环保管理

- 第一节　日常管理
- 第二节　固废管理
- 第三节　液废管理

第一节 日常管理

常见问题1： 现场废弃物未建立台账，或台账内容不全

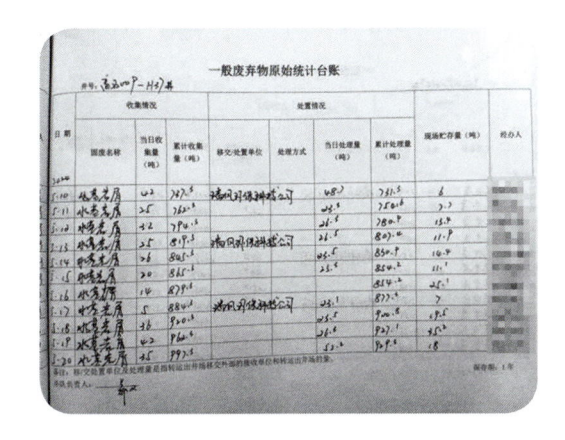

问题描述： 现场废弃物台账内容填写不齐全。

相关标准： Q/SY 02011—2016《钻井废物处理技术规范》

第4.6条：钻井承包商、钻井废物处理单位应建立钻井废物管理台账和记录，包括废物名称、处理数量、处理时间、处理方法、处理施工单位、负责人、处理结果等，做到处理状况可查，处理结果可追溯。

常见问题2： 现场一般固废存放处未设置标识

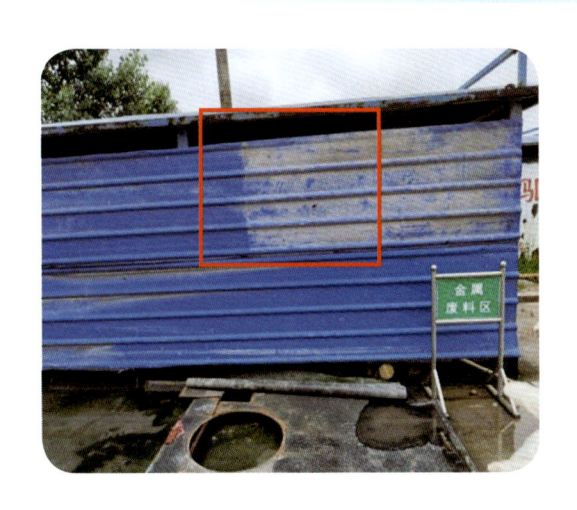

问题描述： 一般固废存放处未设置标识。

▶ **相关标准：**HJ 1276—2022《危险废物识别标志设置技术规范》

第 7.2.4 条：设施二维码信息服务系统中应包含但不限于该设施场所的单位名称、设施类型、设施编码、负责人及联系方式，以及该设施场所贮存、利用、处置的危险废物名称和种类等信息。

常见问题 3： 清洁生产固废转运联单与台账不符

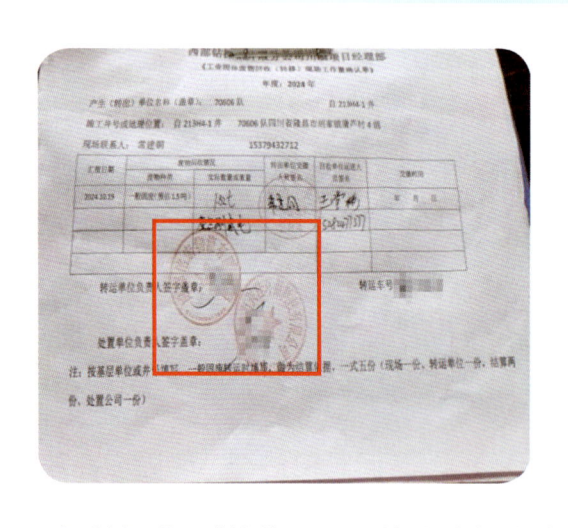

▶ **问题描述：**清洁生产固废转运联单与台账不符，无接收处置单位印章。

▶ **相关标准：**《钻井工程环境影响报告表》

转运过程做好转运台账，严格实施联单制度，确保固废送至处理单位进行处置。

常见问题 4： 现场危险废物贮存间设施的识别二维码无效

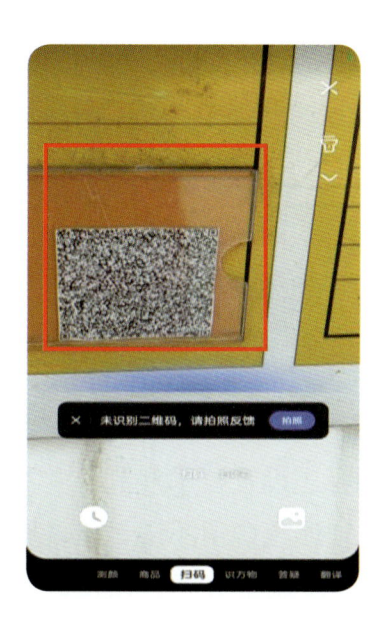

▶ **问题描述：** 现场危险废物贮存间设施的识别二维码无效。

▶ **相关标准：** HJ 1276—2022《危险废物识别标志设置技术规范》

第 7.2.4 条：设施二维码信息服务系统中应包含但不限于该设施场所的单位名称、设施类型、设施编码、负责人及联系方式，以及该设施场所贮存、利用、处置的危险废物名称和种类等信息。

199

常见问题 5： 危废间危险废物标签无二维码

> **问题描述：** 危废间内存放的两桶废机油张贴的危险废物标签无二维码。

> **相关标准：** HJ 1276—2022《危险废物识别标志设置技术规范》

第 7.2.4 条：设施二维码信息服务系统中应包含但不限于该设施场所的单位名称、设施类型、设施编码、负责人及联系方式，以及该设施场所贮存、利用、处置的危险废物名称和种类等信息。

常见问题 6： 钻井液材料未分类存放

> **问题描述：** 钻井液材料摆放混乱。

> **相关标准：** Q/SY 08124.2—2018《石油企业现场安全检查规范 第 2 部分：钻井作业》

第 6.2.8.14 条：钻井液材料储存方式应恰当，下垫上盖，分类存放，堆放整齐，标识清楚。

常见问题 7：钻井液原材料未上盖、下垫

▸ **问题描述**：钻井液材料帆布未上盖。

▸ **相关标准**：Q/SY 08124.2—2018《石油企业现场安全检查规范 第 2 部分：钻井作业》

第 6.2.8.14 条：钻井液材料储存方式应恰当，下垫上盖，分类存放，堆放整齐，标识清楚。

常见问题 8：油品存放区无标识、无防油污措施

▸ **问题描述**：油品存放区未设置标识、各类油桶未下垫上盖。

▸ **相关标准**：Q/SY 08124.2—2018《石油企业现场安全检查规范 第 2 部分：钻井作业》

表 B.19：其他／油罐区／d）油罐区无油污、杂草；防油渗透层、油料回收池符合设计要求。

常见问题 9：钻井液原材料各类废弃包装、容器未按规定处理

问题描述：钻井液原材料的空桶容器未按规定处理。

相关标准：SY/T 6629—2005《陆上钻井作业环境保护推荐作法》

第 8.1.4 条：盛装原材料的空桶或容器应按规定进行处理和废弃，也可返回给供应商或送到有关专业公司进行清洗处理。

常见问题 10：液压系统工具使用后液压油流到场地

问题描述：液压油管线拆除后未包裹，液压油流到场地。

相关标准：《中国石油天然气集团有限公司环境保护管理规定》（中油质安〔2018〕535 号）

第五十五条：所属企业从事生产经营活动，应当采取有效措施，防止、减少土壤和地下水污染。所属企业应当采取措施防止有毒有害物料、污水、固体废物的渗漏、流失、扬散，不得向农用地及沙漠、滩涂、盐碱地、沼泽地等未利用地排放有毒有害物质含量超标的废水和固体废物。

常见问题 11：未按规定设置隔音屏障及低噪声设施

问题描述：在发电机房未按规定设置隔音屏障及低噪声设施。

相关标准：Q/SY 08427—2020《油气田企业清洁生产审核验收规范》

第 5.4.3 条：现场验收重点：b）钻井作业：固控设备（振动筛、除气器、除泥器、除砂器、离心机）、废弃钻井液及钻井废水过程回收处理设备、烟气余热利用设备、消音和隔音设施的配备情况。

常见问题 12：压裂液罐周围未设置围堰

问题描述：压裂液罐周围未设置围堰。

相关标准：《西南油气田分公司钻井工程现场固体废物及废水合规管理监督检查表》

废水、岩屑储存罐、搅拌罐区等周边设置围堰隔离区，围堰内场地平整，设置有地面硬化处理和防渗措施，满足防渗漏、防流失要求。

第二节　固废管理

常见问题 1：钻井液造成污染

> **问题描述**：清洁生产岩屑处理区井场外侧被水基钻井液污染约 10m²。

> **相关标准**：《中国石油天然气集团有限公司环境保护管理规定》（中油质安〔2018〕535 号）

　　第五十五条：所属企业从事生产经营活动，应当采取有效措施，防止、减少土壤和地下水污染。所属企业应当采取措施防止有毒有害物料、污水、固体废物的渗漏、流失、扬散，不得向农用地及沙漠、滩涂、盐碱地、沼泽地等未利用地排放有毒有害物质含量超标的废水和固体废物。

常见问题 2：岩屑输送处理无防污染措施

> **问题描述**：岩屑输送机处未设置防雨棚。

▶ **相关标准**：《中国石油天然气集团有限公司环境保护管理规定》（中油质安〔2018〕535号）

第五十五条：所属企业从事生产经营活动，应当采取有效措施，防止、减少土壤和地下水污染。所属企业应采取措施防止有毒有害物料、污水、固体废物的渗漏、流失、扬散，不得向农用地及沙漠、滩涂、盐碱地、沼泽地等未利用地排放有毒有害物质含量超标的废水和固体废物。

常见问题3：现场废弃物未分类存放

▶ **问题描述**：工业垃圾与生活垃圾混放。

▶ **相关标准**：SY/T 5954—2021《开钻前验收项目及要求》

第10.3.5条：工业垃圾与生活垃圾应分类存放，危险废弃物应合规处理。

常见问题4：现场岩屑罐露天存放，未上盖下垫

▶ **问题描述**：清洁化生产岩屑罐露天存放，未做防雨措施。

▶ **相关标准：** SY/T 5788.3—2014《油气井地质录井规范》

第 6.2.5.2 条：岩屑盒（箱）应置于室内妥善保管，防止日晒、雨淋、受潮、鼠害、倒乱、丢失和污染。

常见问题 5：现场一般废弃物存放处无标识

▶ **问题描述：** 生活垃圾存放处无标识。

▶ **相关标准：** Q/SY 08124.2—2018《石油企业现场安全检查规范　第 2 部分：钻井作业》

第 6.2.8.15 条：应设置满足需要的废弃物分类收集设施，废弃物定点存放，标识清楚，及时清理。

常见问题 6：现场废弃岩屑未倾倒在指定区域

▶ **问题描述：** 水基岩屑撒落至井场外未及时清理。

相关标准： Q/SY 08124.2—2018《石油企业现场安全检查规范 第 2 部分：钻井作业》

表 C.1：13. 录井作业/录井操作/g）清洗砂样及工作产生的废水按规定排放；垃圾倾倒在指定区域。

常见问题 7：现场水基岩屑未经压滤处理

问题描述： 现场暂存的水基岩屑未经压滤处理。

相关标准：《钻井工程环境影响报告表》

水基岩屑经压滤处理后暂存于岩屑堆积棚中。

常见问题 8：水基岩屑未固液分离

问题描述： 水基岩屑与固井返排液混存。

相关标准：《钻井工程环境影响报告表》

固液分离后产生的固体废物含水率不大于 60%。

常见问题 9：岩屑暂存间内岩屑未压滤

▶ **问题描述**：岩屑暂存间内混入未压滤岩屑。

▶ **相关标准**：《钻井工程环境影响报告表》
水基岩屑经压滤处理后暂存于岩屑堆积棚中。

常见问题 10：现场压滤机岩屑收集罐过满，岩屑落地造成污染

▶ **问题描述**：清洁生产压滤机岩屑收集罐过满，岩屑撒落至地面。

▶ **相关标准**：《钻井工程环境影响报告表》
岩屑收集罐收集后暂存于清洁化生产操作平台的临时堆放区，然后拉运至就近砖厂或水泥厂综合利用处理。

常见问题 11：振动筛岩屑收集罐地面未铺设防渗膜

> **问题描述：** 振动筛岩屑收集罐地面未铺设防渗膜。

> **相关标准：**《钻井工程环境影响报告表》
> 固体废物收集、贮存、处理处置设施应按照标准要求采取防渗措施。

第三节 液废管理

常见问题 1：现场私自向井场外排放废液

> **问题描述：** 清洁化生产加药罐围堰上有孔洞，围堰内污水经孔洞长时间外流，污染井场外土壤未清理。

> **相关标准：** SY/T 6629—2005《陆上钻井作业环境保护推荐作法》
> 第 8.1.1 条：业主（甲方）、钻井承包商和服务人员应共同负责对井场用料的清理和废弃，业主（甲方）对清理现场负有最终责任。处理的材料包括化学品、建筑材料、配电盘和其他废弃物等。

常见问题 2：井场清污分流沟堵塞

▷ **问题描述**：井场清污分流沟有杂物，堵塞通道。

▷ **相关标准**：Q/SY 08124.2—2018《石油企业现场安全检查规范 第 2 部分：钻井作业》

第 6.2.8.18 条：井场及污水池应设围栏圈闭并设置警示牌，在井场后方及侧面开应急门；井场平整，无油污，无积水，清污分流畅通。

常见问题 3：污水外溢至井场外

▷ **问题描述**：排污池污水盛满，外溢至井场外。

▷ **相关标准**：Q/SY 08124.2—2018《石油企业现场安全检查规范 第 2 部分：钻井作业》

第 6.2.8.18 条：井场及污水池应设围栏圈闭并设置警示牌，在井场后方及侧面开应急门；井场平整，无油污，无积水，清污分流畅通。

常见问题 4：现场生活污水收集池，未设置防渗、防雨措施

问题描述： 生活污水收集池无防雨棚。

相关标准： SY/T 5974—2020《钻井井场设备作业安全技术规程》

第 3.2.8 条：方井、柴油机房、泵房、发电房、油罐区、油品房、远程控制台、钻井液储备罐区、钻井液材料房、循环罐及其外侧区域、岩屑收集区和转移通道、废油暂存区、油基岩屑暂存区等区域地面宜做防渗处理。

常见问题 5：未对易造成液压油、柴油、润滑油等渗漏的设备采取防污染措施

问题描述： 现场液压站、发电机房、钻井液罐、搅拌罐、远控房等区域未在设备底部铺设防渗布或采取其他防污染措施。

相关标准： GB/T 39139.2—2023《页岩气 环境保护 第2部分：生产作业环境保护推荐作法》

第 6.1.3.3 条：重点防渗区周边设置围堰与其他区域隔离，围堰内场地平整，满足防渗漏、防流失要求。

常见问题 6：设备各类管线在修理及拆卸前未采取防污染措施

问题描述： 钻井泵、柴油机、液控管线等设备在修理及拆卸前未采取防污染措施。

相关标准： GB/T 39139.2—2023《页岩气 环境保护 第 2 部分：生产作业环境保护推荐作法》

第 7.4.2.1 条：设备检维修、拆卸时，应清除罐体和管线内部污物，并及时收集处理。

常见问题 7：现场废柴油未定置存放

问题描述： 现场废柴油未定置存放。

相关标准： GB 18597—2023《危险废物贮存污染控制标准》

第 8.1.2 条：液态危险废物应装入容器内贮存，或直接采用贮存池、贮存罐区贮存。

常见问题 8：内排沟有油花污染

> **问题描述**：内排沟有较多油花。

> **相关标准**：《中国石油天然气集团有限公司环境保护管理规定》（中油质安〔2018〕535号）

第五十五条：所属企业从事生产经营活动，应当采取有效措施，防止、减少土壤和地下水污染。所属企业应当采取措施防止有毒有害物料、污水、固体废物的渗漏、流失、扬散，不得向农用地及沙漠、滩涂、盐碱地、沼泽地等未利用地排放有毒有害物质含量超标的废水和固体废物。

常见问题 9：压滤液收集罐满未及时转运

> **问题描述**：压滤液收集罐满未及时转运。

> **相关标准：**《中国石油天然气集团有限公司环境保护管理规定》（中油质安〔2018〕535号）

第五十五条：所属企业从事生产经营活动，应当采取有效措施，防止、减少土壤和地下水污染。所属企业应当采取措施防止有毒有害物料、污水、固体废物的渗漏、流失、扬散，不得向农用地及沙漠、滩涂、盐碱地、沼泽地等未利用地排放有毒有害物质含量超标的废水和固体废物。

常见问题 10：废液集中贮存量过大

> **问题描述：** 废液集中贮存量超过其容积 80%。

> **相关标准：**《中国石油天然气集团有限公司环境保护管理规定》（中油质安〔2018〕535号）

第五十五条：所属企业从事生产经营活动，应当采取有效措施，防止、减少土壤和地下水污染。所属企业应当采取措施防止有毒有害物料、污水、固体废物的渗漏、流失、扬散，不得向农用地及沙漠、滩涂、盐碱地、沼泽地等未利用地排放有毒有害物质含量超标的废水和固体废物。

第四章　环保管理

常见问题 11： 压滤液渗漏外排至井场外造成污染

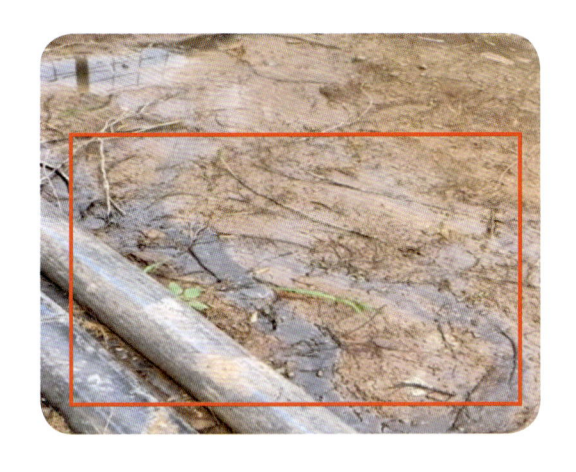

问题描述： 压滤液渗漏外排至井场外，污染土壤。

相关标准：《中国石油天然气集团有限公司环境保护管理规定》（中油质安〔2018〕535号）

第五十五条：所属企业从事生产经营活动，应当采取有效措施，防止、减少土壤和地下水污染。所属企业应当采取措施防止有毒有害物料、污水、固体废物的渗漏、流失、扬散，不得向农用地及沙漠、滩涂、盐碱地、沼泽地等未利用地排放有毒有害物质含量超标的废水和固体废物。

常见问题 12： 岩屑暂存区围堰渗漏造成污染

问题描述： 清洁化岩屑暂存区围堰渗漏，岩屑滤液流到外排沟。

> **相关标准：**《中国石油天然气集团有限公司环境保护管理规定》（中油质安〔2018〕535号）

　　第五十五条：所属企业从事生产经营活动，应当采取有效措施，防止、减少土壤和地下水污染。所属企业应当采取措施防止有毒有害物料、污水、固体废物的渗漏、流失、扬散，不得向农用地及沙漠、滩涂、盐碱地、沼泽地等未利用地排放有毒有害物质含量超标的废水和固体废物。

常见问题13：周边外排沟有大量压滤液造成污染

> **问题描述：** 岩屑棚周边外排沟有大量压滤液。

> **相关标准：**《中国石油天然气集团有限公司环境保护管理规定》（中油质安〔2018〕535号）

　　第五十五条：所属企业从事生产经营活动，应当采取有效措施，防止、减少土壤和地下水污染。所属企业应当采取措施防止有毒有害物料、污水、固体废物的渗漏、流失、扬散，不得向农用地及沙漠、滩涂、盐碱地、沼泽地等未利用地排放有毒有害物质含量超标的废水和固体废物。

常见问题 14：油管线漏油雨季造成污染

▷ **问题描述**：柴油罐到机房的油管线漏油，含柴油污水随雨水流出到井场外。

▷ **相关标准**：《中国石油天然气集团有限公司环境保护管理规定》（中油质安〔2018〕535号）

第五十五条：所属企业从事生产经营活动，应当采取有效措施，防止、减少土壤和地下水污染。所属企业应当采取措施防止有毒有害物料、污水、固体废物的渗漏、流失、扬散，不得向农用地及沙漠、滩涂、盐碱地、沼泽地等未利用地排放有毒有害物质含量超标的废水和固体废物。

常见问题 15：黑色并带有刺鼻气味生活污水外排造成污染

▷ **问题描述**：生活污水外排至附近农田，且水质为黑色并带有刺鼻气味。

▷ **相关标准**：《中国石油天然气集团有限公司环境保护管理规定》（中油质安〔2018〕535号）

第五十五条：所属企业从事生产经营活动，应当采取有效措施，防止、减少土壤和地下水污染。所属企业应当采取措施防止有毒有害物料、污水、固体废物的渗漏、流失、扬散，不得向农用地及沙漠、滩涂、盐碱地、沼泽地等未利用地排放有毒有害物质含量超标的废水和固体废物。

常见问题 16： 应急池接水管线破损，黑色污水流到井场外

> **问题描述：** 应急池接水管线破损，黑色污水流到井场外土壤。

> **相关标准：**《中国石油天然气集团有限公司环境保护管理规定》（中油质安〔2018〕535号）

　　第五十五条：所属企业从事生产经营活动，应当采取有效措施，防止、减少土壤和地下水污染。所属企业应当采取措施防止有毒有害物料、污水、固体废物的渗漏、流失、扬散，不得向农用地及沙漠、滩涂、盐碱地、沼泽地等未利用地排放有毒有害物质含量超标的废水和固体废物。

常见问题 17： 围堰内污水经孔洞长时间外流，污染井场

> **问题描述：** 清洁化生产加药罐围堰上有孔洞，围堰内污水经孔洞长时间外流，污染井场外土壤未清理。

> **相关标准：**《中国石油天然气集团有限公司环境保护管理规定》（中油质安〔2018〕535号）

　　第五十五条：所属企业从事生产经营活动，应当采取有效措施，防止、减少土壤和地下水污染。所属企业应当采取措施防止有毒有害物料、污水、固体废物的渗漏、流失、扬散，不得向农用地及沙漠、滩涂、盐碱地、沼泽地等未利用地排放有毒有害物质含量超标的废水和固体废物。

05

第五章

职业健康管理

- 第一节　健康档案
- 第二节　职业病防护
- 第三节　野营房

第一节　健康档案

常见问题 1：未建立员工健康档案

> **问题描述：** 井队无员工健康档案。

> **相关标准：** Q/SY 08124.2—2018《石油企业现场安全检查规范　第 2 部分：钻井作业》

第 6.6.1 条：制订员工年度体检计划，定期进行健康检查，建立员工健康档案。

常见问题 2：未建立有毒有害作业场所和有毒有害作业人员档案

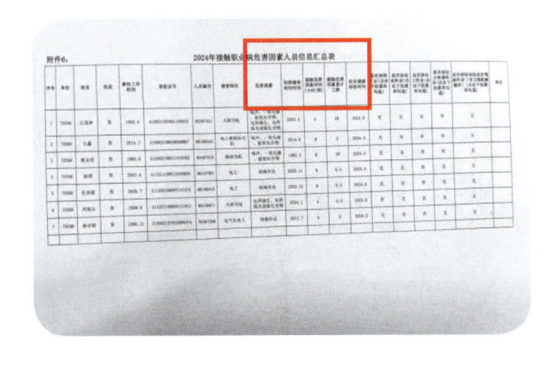

> **问题描述：** 井队无有毒有害作业人员档案。

> **相关标准：** Q/SY 08124.2—2018《石油企业现场安全检查规范　第 2 部分：钻井作业》

第 6.6.1 条：制订员工年度体检计划，定期进行健康检查，建立员工健康档案。

常见问题 3： 未定期对员工进行健康检查

▸ **问题描述**：施工单位员工未每年进行体检。

▸ **相关标准**：Q/SY 08124.2—2018《石油企业现场安全检查规范 第 2 部分：钻井作业》

第 6.6.1 条：制订员工年度体检计划，定期进行健康检查，建立员工健康档案。

第二节　职业病防护

常见问题 1： 未正确穿戴个人劳动防护用品

▸ **问题描述**：在生产区域内工作时未戴安全帽。

▸ **相关标准**：Q/SY 08124.2—2018《石油企业现场安全检查规范 第 2 部分：钻井作业》

第 6.2.7.2 条：在生产区域内工作时，应正确穿戴符合生产区域管理规定的个人劳动防护用品，蓄长发者须将头发盘入安全帽中。

常见问题 2：高处作业时安全措施未落实

问题描述： 在搭建雨棚高处作业时安全带挂钩未挂。

相关标准： SY/T 5974—2020《钻井井场设备作业安全技术规程》

第 4.1.3 条：吊装作业、高处作业、动火作业等应按规定办理作业许可。作业人员应持证上岗，并正确穿戴个体劳动防护用品。

常见问题 3：进入有害环境未佩戴呼吸用品

问题描述： 在加料台添加钻井液材料未佩戴防尘口罩。

相关标准： Q/SY 08515.2—2022《个人防护管理规范 第 2 部分：呼吸防护用品》

第 4.4.3 条：进入有害环境前，应先佩戴好呼吸防护用品。对于密合型面罩，使用人应做佩戴气密性检查，以确认密合。

常见问题 4：从事可能对眼睛造成伤害的作业时未使用眼护具

问题描述： 从事敲击、打磨、切割、电焊、气焊、机械加工、设备维修、吹扫清洗等可能对眼睛造成伤害的作业时未佩戴护目镜。

相关标准： Q/SY 08124.2—2018《石油企业现场安全检查规范 第 2 部分：钻井作业》

第 6.2.7.5 条：从事敲击、打磨、切割、电焊、气焊、机械加工、设备维修、吹扫清洗等可能对眼睛造成伤害的作业时应使用眼护具，眼护具的选择、使用、检查、保养与检验应符合 Q/SY 08515.3 的要求。

常见问题 5：在噪声区域未佩戴护耳器

问题描述： 在发电机房区域作业未佩戴护耳器。

相关标准： Q/SY 08124.2—2018《石油企业现场安全检查规范 第 2 部分：钻井作业》

第 6.2.7.7 条：进入 85dB 以上噪声区域应佩戴护耳器。

常见问题 6： 使用的安全防护用品未经安全认证，或未在使用有效期内

> **问题描述：** 现场使用的安全帽、防坠落用具、正压式呼吸器等安全防护用品无产品合格证、超过产品使用期限。

> **相关标准：** SY/T 7668—2022《石油钻井安全监督规范》

表 A.1：2.安全基础管理/劳动防护/c）安全帽、防坠落用具、佩戴呼吸用品、眼护具等特种安全防护用品应经过劳动安全认证，并在使用有效期内。

第三节 野营房

常见问题 1： 野营房摆放位置不合理

> **问题描述：** 野营房未置于井场 300m 外的上风处。

> **相关标准：** Q/SY 08124.2—2018《石油企业现场安全检查规范 第 2 部分：钻井作业》

第 6.2.9.1 条：营地应设在距井场 300m 外，含硫化氢的井设在主导风向的上方侧，选择环境未受污染、干燥的地方。

常见问题 2：野营房未安装烟雾报警器

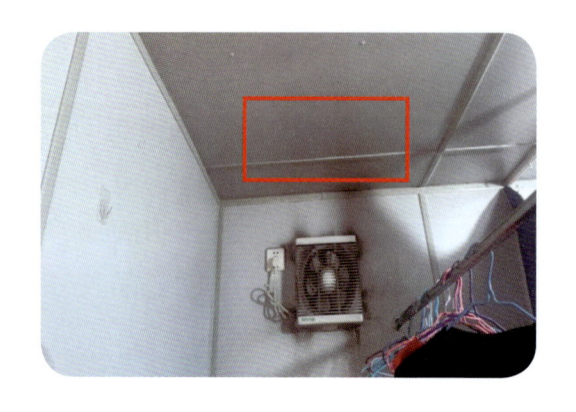

问题描述：野营房无烟雾报警器。

相关标准：Q/SY 08124.2—2018《石油企业现场安全检查规范 第 2 部分：钻井作业》

第 6.2.9.8 条：野营房应安装烟雾报警器，安装过载、短路、漏电保护和良好的接地保护，应做到人走断电。

常见问题 3：野营房内使用易引发火灾的器具

问题描述：野营房内使用电炉、煤火炉等易引发火灾的器具。

相关标准：Q/SY 08124.2—2018《石油企业现场安全检查规范 第 2 部分：钻井作业》

第 6.2.9.9 条：野营房内不应使用电炉、煤火炉等易引发火灾的器具，营区内不应存放和使用易燃易爆物品。

常见问题 4：生、熟食品未分类存放

问题描述：厨房冰柜中生、熟食品未分类存放。

相关标准：Q/SY 08307—2020《野外施工营地卫生和饮食卫生规范》

第 5.3.6 条：食品加工过程必须符合下列卫生要求，包括但不限于：c）食品加工工艺流程应合理，处理生熟食品的菜板要分开摆放，防止待加工食品与直接入口食品、原料与成品交叉污染，避免食品接触有毒物和不洁物。

06

第六章

应急管理

- 第一节　应急预案
- 第二节　应急演练
- 第三节　应急物资

第一节 应急预案

常见问题1：未制订防硫化氢应急预案

问题描述： 井队无防硫化氢的应急预案。

相关标准： Q/SY 08124.2—2018《石油企业现场安全检查规范 第2部分：钻井作业》

第6.4.5.1条：在含硫化氢油气田进行钻井作业前，钻井队及相关的作业队应制订防喷、防硫化氢的应急预案，并定期组织演练。与钻井相关的各级单位也应编制各级防硫化氢应急预案，钻井各方人员应掌握应急预案的相关内容。

常见问题 2：未建立关键岗位应急处置卡

▸ **问题描述：** 井队无关键岗位应急处置卡。

▸ **相关标准：** Q/SY 08124.2—2018《石油企业现场安全检查规范 第 2 部分：钻井作业》

第 6.2.11.5 条：建立关键岗位应急处置卡并有效应用。

常见问题 3：开钻前未向周边居民宣传硫化氢相关知识

▸ **问题描述：** 含硫井开钻前，井队未向周边居民宣传硫化氢相关知识。

▸ **相关标准：** Q/SY 08124.2—2018《石油企业现场安全检查规范 第 2 部分：钻井作业》

第 6.4.5.4 条：在开钻前将防硫化氢的有关知识向周边居民进行宣传，让其了解在紧急情况下应采取的措施，取得他们的支持，在必要的时候正确撤离。

第二节 应急演练

常见问题1：未建立应急演练预案

> **问题描述**：井队应急预案未审批。

> **相关标准**：Q/SY 08124.2—2018《石油企业现场安全检查规范 第2部分：钻井作业》

第6.2.11.1条：建立应急组织机构，明确职责，指定应急预案。

常见问题2：未按应急预案要求进行培训和演练

> **问题描述**：井队应急预案未培训。

▶ **相关标准：**Q/SY 08124.2—2018《石油企业现场安全检查规范 第 2 部分：钻井作业》

第 6.2.11.6 条：按应急预案要求进行培训和演练，确认培训、演练的有效性。

第三节 应急物资

1. 应急物资台账

常见问题 1： 现场未建立应急物资台账

▶ **问题描述：**井队无应急物资台账。

▶ **相关标准：**Q/SY 08124.2—2018《石油企业现场安全检查规范 第 2 部分：钻井作业》

第 6.2.11.4 条：应急物资配备满足要求，落实专人保管，建立台账，定期进行检查，消耗后应及时予以更新和补充。

常见问题 2： 应急物资未定期检查

▶ **问题描述：**井队应急物资 10 月、11 月未开展检查并留有记录。

> **相关标准：** Q/SY 08124.2—2018《石油企业现场安全检查规范 第 2 部分：钻井作业》

第 6.2.11.4 条：应急物资配备满足要求，落实专人保管，建立台账，定期进行检查，消耗后应及时予以更新和补充。

常见问题 3：现场应急物资不齐全

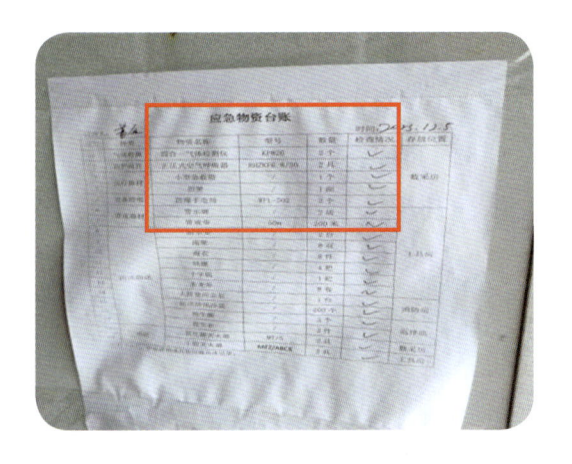

> **问题描述：** 井队应急物资台账与实物不符。

> **相关标准：** Q/SY 08124.2—2018《石油企业现场安全检查规范 第 2 部分：钻井作业》

第 6.2.11.4 条：应急物资配备满足要求，落实专人保管，建立台账，定期进行检查，消耗后应及时予以更新和补充。

2. 正压式空气呼吸器

常见问题 1： 未按要求配备正压式空气呼吸器

> 问题描述：钻台未配备正压式呼吸器。

> 相关标准：Q/SY 08124.2—2018《石油企业现场安全检查规范 第 2 部分：钻井作业》

　　第 6.5.1.1 条：钻井作业现场应按设计配备可燃气体监测仪、正压式空气呼吸器和呼吸空气压缩机，指定专人管理，定期检查、检定和保养，报警值设置正确、灵敏好用。

常见问题 2： 正压式空气呼吸器气瓶压力不足

> 问题描述：钻台配备的正压式呼吸器气瓶压力不足。

> 相关标准：Q/SY 08124.2—2018《石油企业现场安全检查规范 第 2 部分：钻井作业》

　　第 6.5.1.1 条：钻井作业现场应按设计配备可燃气体监测仪、正压式空气呼吸器和呼吸空气压缩机，指定专人管理，定期检查、检定和保养，报警值设置正确、灵敏好用。

常见问题 3：正压式空气呼吸器气瓶、背架超期未检测

问题描述：循环罐配备的正压式呼吸器气瓶、背架超期未检测。

相关标准：SY/T 6277—2017《硫化氢环境人身防护规范》

第 5.1.6.1 条：正压式空气呼吸器应每年检验一次；气瓶应每三年检验一次，其安全使用年限不得超过 15 年。

常见问题 4：正压式空气呼吸器未填写日常检查记录

问题描述：循环罐配备的正压式呼吸器未填写日常检查记录。

相关标准：SY/T 6277—2017《硫化氢环境人身防护规范》

第 5.1.3.1 条：正压式空气呼吸器应处于随时可用状态，每次检查应有记录，记录至少保存一年。

常见问题 5：正压式空气呼吸器存在故障

> **问题描述**：循环罐配备的正压式呼吸器气瓶压力低未报警。

> **相关标准**：SY/T 6277—2017《硫化氢环境人身防护规范》

第 5.1.3.2 条：日常检查应至少包括以下内容：a）正压式空气呼吸器外观及标识。b）气瓶压力。c）连接部件。d）面罩与面部的密封性。e）供气阀。f）报警器。

常见问题 6：正压式空气呼吸器面罩污损

> **问题描述**：循环罐配备的正压式空气呼吸器面罩刮花模糊。

> **相关标准**：SY/T 6277—2017《硫化氢环境人身防护规范》

第 5.1.3.2 条：日常检查应至少包括以下内容：a）正压式空气呼吸器外观及标识。b）气瓶压力。c）连接部件。d）面罩与面部的密封性。e）供气阀。f）报警器。

常见问题 7：未配备正压式呼吸器充气泵

▶ **问题描述**：井队未配备正压式呼吸器充气泵。

▶ **相关标准**：Q/SY 02115—2021《含硫油气井钻井作业规程》

第 10.2 条：作业区应配备满足要求的正压式空气呼吸器、充气泵。

3. 消防器材

常见问题 1：现场未按工程设计要求配齐消防器材

▶ **问题描述**：井队未按工程设计要求配备消防器材。

相关标准： Q/SY 08124.2—2018《石油企业现场安全检查规范 第2部分：钻井作业》

第6.5.2.1条：井场消防室应配备：35kg干粉灭火器三具、8kg干粉灭火器十具、5kg二氧化碳灭火器两具、消防斧两把、消防钩两支、消防铲六把、消防桶八只、65mm消防水龙带150m、直径19mm直流水枪两支、消防砂不少于4m³。

常见问题2：灭火器本体腐蚀严重

问题描述： 循环罐配备的干粉灭火器本体锈蚀严重，无法识别铭牌信息。

相关标准： XF 95—2015《灭火器维修》

第7.2条：灭火器有下列情况之一者，应报废：a）永久性标志模糊，无法识别；d）气瓶（筒体）外部涂层脱落面积大于气瓶（筒体）总面积。

常见问题3：消防水龙带与消防水龙头扣型不匹配

问题描述： 消防房消防水龙带与消防水龙头扣型不匹配。

> **相关标准：**GB 12514.2—2006《消防接口 第2部分：内扣式消防接口型式和基本参数》

第4章：端口的结构应符合图1至图8安装要求，水带与接口连接处安装卡簧并牢固可靠。

常见问题4：干粉灭火器压力不足

> **问题描述：**消防房配备的干粉灭火器压力不足。

> **相关标准：**GB 4351.1—2005《手提式灭火器 第1部分：性能和结构要求》

第6.13.2.2条：指示器表盘上可工作的压力范围用绿色表示；从零位到可工作压力的下限的范围用红色表示；从可工作压力的上限到指示器的最大量程的范围用黄色表示。

常见问题5：二氧化碳灭火器重量不足

> **问题描述：**消防房配备的二氧化碳灭火器重量不足。

▸ **相关标准：** GB 50444—2008《建筑灭火器配置验收及检查规范》

第 5.2.1 条：灭火器的配置、外观等应按附录 C 的要求每月进行一次检查。

附表 C：建筑灭火器检查内容、要求及记录 /17. 二氧化碳灭火器可用称重法检查。

常见问题 6：灭火器超过使用年限

▸ **问题描述：** 消防房二氧化碳灭火器超期使用。

▸ **相关标准：** GB 50444—2008《建筑灭火器配置验收及检查规范》

第 5.3.2 条：灭火器的维修期限应符合表 5.3.2 的规定，出厂期满五年，首次维修后每满两年。

常见问题 7：灭火器未定期检查

▸ **问题描述：** 现场手提式干粉灭火器未每月检查。

▸ **相关标准：** SY/T 5974—2020《钻井井场设备作业安全技术规程》

第 3.3.2 条：消防器材应挂牌专人管理，并定期检查、维护和保养，不应挪为他用。

常见问题 8：二氧化碳灭火器称重设施损坏

问题描述： 消防房配备的二氧化碳灭火器称重电子秤损坏。

相关标准： GB 50444—2008《建筑灭火器配置验收及检查规范》

第 5.2.1 条：灭火器的配置、外观等应按附录 C 的要求每月进行一次检查。

附表 C：建筑灭火器检查内容、要求及记录 /17. 二氧化碳灭火器可用称重法检查。

常见问题 9：消防房无消防器材清单，未开展定期检查

问题描述： 井队未每月对消防器材进行检查。

相关标准： Q/SY 08124.2—2018《石油企业现场安全检查规范 第 2 部分：钻井作业》

第 6.5.2.6 条：应建立消防设施、消防器材登记表，落实专人管理，挂消防器标牌，定期进行检查，不应挪作他用。

常见问题 10：消防房消防器材不齐全

问题描述： 消防房消防器材配备与消防房消防物资台账不符。

相关标准： Q/SY 08124.2—2018《石油企业现场安全检查规范 第 2 部分：钻井作业》

第 6.5.2.6 条：应建立消防设施、消防器材登记表，落实专人管理，挂消防器标牌，定期进行检查，不应挪作他用，失效的消防器材应交消防部门处理。